*Adelbert von Baudissin*

# Schleswig-Holsteinische Soldatengeschichten

Adelbert von Baudissin

**Schleswig-Holsteinische Soldatengeschichten**

ISBN/EAN: 9783955641658

Auflage: 1

Erscheinungsjahr: 2013

Erscheinungsort: Bremen, Deutschland

@ EHV-History in Access Verlag GmbH, Fahrenheitstr. 1, 28359 Bremen. Alle Rechte beim Verlag und bei den jeweiligen Lizenzgebern.

# Schleswig-Holsteinische Soldatengeschichten.

Von

Graf Adelbert Baudissin.

Der Ertrag ist für den Schleswig-Holsteinischen Invalidenfonds bestimmt.

---

Hannover.
Carl Rümpler.
1863.

Druck von August Grimpe in Hannover.

# Tann'sche Freischaaren in dem Gefechte bei Hoptrup.

Nach einer Skizze des Freiwilligen Maler Schmidt.

---

Es war in den ersten Tagen des April 1848, als ich mit einer Schaar von funfzehn jungen Männern aus Oesterreich nach Schleswig-Holstein aufbrach. Wir hatten uns in Prag getroffen und fuhren zusammen erst auf dem kleinen Dampfer „Bohemia" Dresden zu. Nur zwei meiner Gefährten waren Deutsche, die übrigen Czechen, die — um zu beweisen, daß Czechen und Deutsche ein Ziel, einen Zweck haben, die Büchse ergriffen hatten, um für Deutschlands Recht an den äußersten Marken des deutschen Reichs zu kämpfen. Die jungen Leute hatten von der Gräfin Kinsky in Prag eine prachtvolle Fahne mit dem böhmischen Löwen zum Geschenke erhalten; sie war mit den deutschen Farben geschmückt und sollte in der Kirche der alten Stadt Rendsburg niedergelegt werden, als Beweis, daß selbst Czechen für Schleswig-Holsteins Rechte zu kämpfen herbeigeeilt wären.

Wir trafen uns in Prag; ein Blick in die Augen, ein Handschlag genügte, um uns zu Brüdern zu machen. Die Begeisterung, welche damals jedes deutsche Herz bewegte, hatte auch uns mächtig ergriffen; der böhmische Löwe und die deutschen Farben wehten lustig über uns, schöne Frauen und Mädchen warfen von den Balcons der alten Königsstadt Blumen und Kränze herab, Männer und Jünglinge jauchzten uns entgegen, stumm reichten wir uns die Hände zum treuen Bunde für Freiheit und Recht.

Mir ist es wie ein Traum, wenn ich an die Reise nach Dresden zurückdenke. Ueberall an den Ufern der Elbe hatte sich das Volk versammelt, um die junge Schaar auf ihrem Zuge nach Norden zu begrüßen. Bei Pirna standen die Zöglinge einer nahen Militairanstalt in Reihe und Glied aufmarschirt und präsentirten ihre kleinen hölzernen Gewehre, und je näher wir Dresden kamen, desto zahlreicher wurden die Beweise des herzlichen Willkommens. Als wir aber bei Dresden anlegten, als die 6000 Mann zählende Communalgarde mit geschultertem Gewehre dastand und die jungen Czechen begrüßte, als der Commandant der Dresdener Bürgerwehr im Namen Deutschlands die Streiter für Schleswig-Holstein willkommen hieß, und als die jungen Männer ihr Haupt entblößten und schwuren, treu und tapfer zu kämpfen — da ergriff mich ein namenloses Entzücken über die Theilnahme, die meine Heimath in so weiter Ferne bei Jung und Alt, Vornehm und Gering hervorrief, daß heiße Thränen meinem Herzen entquollen. Der Redner, der uns willkommen geheißen, begriff den Sturm, der mein Inneres bewegte, er drückte mich an seine Brust und küßte mich auf den Mund. Wie er heißt und wer er ist? — ich weiß es nicht, aber sein Kuß brennt noch auf meinen Lippen, mein Herz schlägt noch an das seinige, und oft, wenn ich fern von der Heimath die Hoffnungen meiner Jugend, das Ziel meines männlichen Strebens und Kämpfens unrettbar verloren erachtete, trat mir sein Schatten vor die Seele, mein Herz schlug rascher, und die Thränen, die mein Auge füllten, sprachen laut: "Wir sind ein Volk von Brüdern, Schleswig-Holstein wird nimmer untergehen!"

Die Bürger Dresdens geleiteten uns in die "Stadt Rom", wo ich eine Scene erlebte, die für das Wesen der Freischaaren, den Geist, welcher Deutschlands Jugend beseelte, zu bezeichnend ist, als daß ich es unterlassen könnte, sie zu erzählen. Wir hatten kaum das Gasthaus betreten, und ich stand noch tief ergriffen in einer Fensternische, als einer meiner Gefährten mich auf einen Menschen aufmerksam machte, der einen so verzweiflungsvollen Ausdruck hatte, daß ich ihn nur mit Entsetzen betrachten konnte. "Was fehlt Ihnen?" fragte ich unwillkürlich. Der Gefragte blickte mich, wie aus einem tiefen Traume aufgeschreckt, an und erwiederte mit klangloser Stimme: "Ich bin aus Flensburg." "Dann sind wir Landsleute", entgegnete ich, "ich bin aus Schleswig." "Landsmann!" rief der Flensburger, indem er mir schluchzend in die Arme fiel, "nimm mich mit! Ich habe sieben Brüder im Felde, eine alte Mutter wartet stündlich auf mein Kommen, damit ich mit meinen Brüdern fechte. Landsmann, nimm mich mit! Alle Tage ziehen junge Leute nach Norden, um für Schleswig-Holstein zu streiten, und ich — ein Flensburger Kind — kann nicht mit!"

Der gute Mensch stöhnte vor Schmerz und barg sein weinendes Gesicht an meiner Brust. Als ich ihm aber die Wange streichelte und sagte, daß er mit solle, daß ich ihn mitnehmen wolle, da klammerte er sich an mich und sagte, indem er durch seine Thränen zu lächeln versuchte: "Aber nicht wahr, Landsmann, Du gehst keinen Schritt und keinen Tritt von mir, bis wir zu Hause sind?"

Wie mein Schatten folgte er mir am folgenden Tage, als ich in Dresden Waffen für ihn und mich — kaufte? nein, geschenkt erhielt, denn der brave Büchsenschmied wollte auch "nach seinen Kräften für Schleswig-Holstein beitragen."

Im Triumphzug erreichten wir Hamburg. Noch in Hamburg wurden wir mit Blumen beschenkt, von Mädchen und Frauen begrüßt; in Altona aber lautete der Befehl des Generals Wrangel, daß keine Freischaaren ins Land dürften! Nur durch Vermittelung der Herren Arnemann und Godeffroy gelang es uns, nach Holstein zu kommen. Als ich aber das Schlachtfeld von Schleswig betrat, wo die Leichen noch unbeerdigt lagen, als ich die Stätte wiedersah, wo ich als Kind gespielt, und die ich jetzt wieder betrat, um für ihre Freiheit zu kämpfen, da befahl ein preußischer Officier der preußischen Wache, mich zu arretiren.

Ich trennte mich von meinen österreichischen Freunden, die sich dem Tann'schen Corps anschlossen, während ich zum regulairen Militair überging. Nur einmal habe ich zwei meiner Freunde wiedergesehen; es war nach dem Gefechte bei Hoptrup. Der Flensburger hatte einen Schuß ins Bein bekommen, ein Böhme trug eine Schramme am Kopfe, Beide aber waren auf dem Wege der Besserung, Beide erwarteten mit Ungeduld den Augenblick, wo sie aufs Neue in den Kampf ziehen könnten.

So waren die Freischaaren! Von einem Geiste beseelt — von der Liebe zu Deutschland vorwärts getrieben, reichten sie sich die Bruderhand, ohne erst zu fragen: „Wie heißt Du? und wer bist Du?" Der kecke Kossuthhut mit der wallenden Feder, die Büchse und der Hirschfänger waren ihre Uniform, Tapferkeit und Treue war ihre Losung, und "Vorwärts in den Kampf" war ihr Feldgeschrei.

Deß ist ganz Schleswig-Holstein und Jütland Zeuge, daß trotz der verschiedenen Elemente, trotz der losen Disciplin der bunt durcheinander geworfenen Jünglinge, welche sich im Tann'schen sowohl, wie in andern Freicorps zusammengefunden hatten, ein ebler, herrlicher Geist unter ihnen herrschte, der sie den Herzen der Schleswig-Holsteiner ewig unvergeßlich macht. Als Beweis dafür aber, daß sie ihre Ehre bewahrt und wie Helden gefochten haben, möge die nachfolgende Schilderung des Gefechtes bei Hoptrup dienen, in welchem jeder Einzelne sich mit Ruhm bedeckte.

Der preußische General der Cavallerie und Commandeur des Dannebrog-Ordens hatte sich aus Jütland zurückgezogen und den Norden Schleswigs den dänischen Truppen preisgegeben, die fünftausend Mann stark unter Commando des Oberst von Juel dem Reichsheere auf dem Fuße folgten, damit die Dänen — und mit ihnen die ganze übrige Welt — glauben möchten, daß die deutschen Truppen, von den dänischen verfolgt, sich zurückzögen.

Laut ertönten die Klagen der Nordschleswiger über die Bedrückungen der dänischen Einquartierung, laut forderten die Südschleswiger, die Holsteiner und alle andern Stämme des deutschen Volks, daß die Reichsarmee das Land vom Feinde säubern solle; täglich kamen Flüchtlinge aus Hadersleben und Apenrade im Hauptquartiere Wrangel's an und schilderten in beweglicher Sprache die Leiden der Deutschen in Nordschleswig — aber die Klagen und Bitten verhallten ungehört, Wrangel blieb in Flensburg und ließ die Dänen schalten und walten, wie es ihnen gut dünkte.

Was der preußische General, ohne Mitleid zu empfinden, anhören konnte, bewegte das Herz des kühnen Freischaarenführers Freiherrn von der Tann; er, der sich aus Begeisterung für Deutschlands Größe und Ehre der Sache der Herzogthümer gewidmet hatte, faßte den Entschluß, mit seiner gleichgesinnten Heldenschaar die Ehre der deutschen Waffen, die durch den Rückzug aus Jütland verpfändet war, wieder einzulösen und den bedrängten Brüdern im Norden Hülfe zu bringen.

Kaum war sein Corps in Rendsburg neu organisirt, als er in drei ermüdenden Tagemärschen über Schleswig, Flensburg und Uek dem Feinde entgegen eilte. Vor ihm standen, in Hoptrup, Mastrup und Hadersleben vertheilt, sieben dänische Infanterie-Bataillone, sechzehn Schwadronen Cavallerie und zweiunddreißig Geschütze. Der Feind hatte eine durch das Defilee von Hoptrup und den Fjord von Hadersleben geschützte Stellung inne, in welcher er den Angriff einer bedeutend überlegenen Streitkraft hätte blutig zurückweisen können.

Dies war von der Tann sowohl, wie jedem Einzelnen seines Corps bekannt, und wenn er dennoch vierhundert junge Männer bereit fand, ihm auf seinem kühnen Zuge zu folgen, und wenn der in Uek zurückgebliebene Rest seiner Heldenschaar mit neidischen Augen die Auserwählten betrachtete, welche sich dem fast sichern Untergange weihen durften, so fühlen wir uns gedrungen, den Führer, welcher auf seine Untergebenen so mächtigen Einfluß ausübte, als eine seltene militairische Persönlichkeit zu verehren.

Vierhundert Mann hatte von der Tann ausgesucht, um fünftausend Dänen zu überfallen! Im offenen Kampfe hätte seine Schaar erliegen müssen; mit List und Klugheit mußte die Tapferkeit sich paaren, wenn das Unternehmen einige Aussicht auf Erfolg haben sollte. Von der Tann requirirte vier Bauernpferde, mit welchen er die Freischärler beritten machte, die als „Cavallerie" die Tête seines Zuges bildeten. Ihnen folgten in einiger Entfernung funfzig Wagen, auf denen seine Streitkräfte vertheilt waren.

Am Nachmittage des in der Geschichte Schleswig-Holsteins ewig denkwürdigen 6. Juni 1848 brach die muthige Schaar, von den Segenswünschen ihrer Kameraden begleitet, von Uek auf, der Straße nach Hadersleben zu. Spät am Nachmittage stieß von der Tann's Cavallerie auf eine dänische Patrouille von sechs Dragonern; die vier deutschen Freischärler griffen sie muthig an und jagten fünf in die Flucht, den sechsten brachten sie gefangen ihrem Führer. Nachdem diese kleine Waffenthat geglückt war, entsandte von der Tann seine Cavallerie nach dem Westen, damit die Dänen glauben möchten, daß ein deutsches Corps diese Richtung einschlagen und somit den rechten Flügel des Juel'schen Detaschements umgehen wolle. Diese List gelang vollkommen. Von allen Seiten erhielt der dänische Commandeur Meldungen von dem Anrücken starker Cavallerie-Abtheilungen und Munitions-Colonnen, denn für letzteres hatten sie den Wagenzug gehalten; und als die Meldungen im dänischen Lager sich immer häuften, entsandte der consternirte Befehlshaber in der Meinung, daß die ganze Reichsarmee über ihn herfallen werde, an seine vorgeschobenen Posten Ordres, sich nach Hadersleben zurückzuziehen. In richtiger Berechnung dieser Eventualitäten setzte von der Tann seinen Zickzackmarsch fort und brach in der Nacht zwischen Hadersleben und dem südlich belegenen Dorfe Hoptrup in das Centrum der Dänen ein. Die Dänen, die nicht wußten, wie ihnen geschah, griffen mit Gardehusaren die Freischaaren an — wurden aber mit großem Verlust auseinander gesprengt und zur eiligen Flucht gezwungen. Dänischen Jägern, welche den Husaren gefolgt waren, erging es nicht besser; die Freischaaren warfen sich mit Ungestüm auf den weit überlegenen Feind und brachten ihn nach kurzem Widerstande zum

Weichen. Es war indessen Tag geworden, und
zu ihrem Erstaunen sahen die Dänen, daß sie es
nur mit einem Häuflein „deutscher Räuber" zu
thun hatten; sie ließen ihre Artillerie auffahren
und begrüßten die muthige Schaar mit einer Lage
Kartätschen. Nur eine Lage konnten sie geben —
im nächsten Augenblick stürzten sich die todes-
muthigen Jünglinge auf die Kanonen und eroberten sie im Sturme.

Aber noch war das Werk nicht vollbracht.
Dänische Jäger in dichten Tirailleurketten griffen
von Neuem an, es bedurfte aller Anstrengungen,
um den überlegenen Feind zurückzuwerfen, und
nur eine Abtheilung von fünfundzwanzig Mann
konnte zum Schutze der eroberten Kanonen zurückgelassen werden. Kaum gewahrt der dänische
Feldherr, daß die Kanonen ohne Bedeckung sind,
als er eine Schwadron Husaren zur Wiederer-
oberung entsendet. In gestreckter Carriere rast
die Schwadron heran, die geschwungenen Säbel
funkeln im Morgensonnenschein, die Trompeten
schmettern zum Angriff, — aber fünfundzwanzig
deutsche Jünglinge halten Wache bei den theuer
erkauften Geschützen und erwarten muthigen Her-

zens den Angriff. Da heben sie ihre Büchsen, eine tödtliche Salve erfolgt, die Schwadron ist gesprengt und jagt in wilder Flucht von dannen; sie muß die Reihen der Freischaaren durchbrechen, die mit den Jägern im Kampfe stehen. "Pardon!" rufen die Deutschen, und da keine Antwort erfolgt, strecken sie die fliehenden Reiter zu Boden. Entsetzen erfaßt jetzt die dänischen Jäger, und in wilder, schmählicher Flucht eilen sie aus dem Bereiche der kleinen Heldenschaar, die glühend vor Kampflust ihren geliebten Führer umgiebt und ihn zu wackerem Vordringen auffordert.

Eine Verfolgung der Dänen wäre aber geradezu Thorheit gewesen; denn wenn auch Artilleristen, Jäger, Infanteristen und Reiter in wilder Flucht bis zur Ostsee liefen und sich dort auf die dänischen Schiffe retteten, so stand doch noch bei Hadersleben ein starkes Corps, das bisher nicht im Gefecht gewesen war, von der Tann daher leicht die Lorbeern seines Sieges entreißen konnte.

Die Beute dieses ruhmreichen Treffens bestand in zwei Kanonen, von denen die eine wegen mangelnder Bespannung nicht fortgeschleppt werden konnte, drei Munitionswagen, einer Menge

Waffen, achtzehn Pferden und fünfunddreißig Gefangenen.

Die Freischaaren hatten ihren Liebling und Tann's Busenfreund, den königlich bairischen Hauptmann Corneli, als Todten, und fünfundzwanzig Schützen als Verwundete zu beklagen; der Verlust der Dänen belief sich im Ganzen auf dreiundsiebzig Mann. Der Schrecken aber, den die „deutschen Räuber" den Dänen eingejagt hatten, war ein so heilloser, daß Oberst Juel mit seinem ganzen Corps schleunigst nach Jütland retirirte und seine Geschütze nach Fühnen transportiren ließ.

So endete der kühne Zug des in den dankbaren Herzen der Schleswig-Holsteiner ewig fortlebenden Freiherrn von der Tann und seiner Heldenschaar, die, alle Gaue Deutschlands vertretend, den Beweis lieferte, was ein begeistertes Volksheer, das für Deutschlands Recht in den Kampf zieht, zu leisten vermag.

Preußische Gardeofficiere tadelten den Mangel an Tactik, den von der Tann bei seinem Unternehmen an den Tag gelegt; wir aber loben die Tactik, welche zum Siege führt, und seufzen schwer unter den Folgen jener Tactik, die einen deutschen Volksstamm unsäglichem Elende preisgab.

Als von der Tann in seine Heimath zurückkehrte, war manches Auge thränenfeucht, und die Segenswünsche eines Volkes begleiteten ihn; als Wrangel Schleswig-Holstein verließ, fragte er bei der Statthalterschaft an, „ob es rathsam für ihn sei, auf der Kieler Eisenbahn zu fahren."

# Ein Soldaten-Diner.

Das dritte schleswig-holsteinische Jägercorps lag nach der Schlacht bei Idstedt längere Zeit am Bissensee im Bivouac und erfreute sich nach den großen Verlusten, die es bei Idstedt erlitten hatte, einer besonders angenehmen Ruhe in der sandigen, magern und elenden Gegend des Bissensee's.

Im Norden liegt das Dorf Breckendorf, welches von unsern lieben Freunden, den Dänen, täglich heimgesucht wurde, so daß zuletzt kein Halm Stroh, kein Huhn und kein Pfund Butter in dem großen Dorfe zu finden war. Wir beschlossen, diesem Wohlleben der Dänen ein Ende zu machen, und schickten jeden Morgen vor Tagesanbruch eine Compagnie Jäger nach dem so schwer geprüften Dorfe und hatten mehrmals das Glück, einer dänischen Fouragir=Colonne ein Gericht blauer Bohnen auf den Pelz zu brennen. Dies reizte nun wieder den Major des dänischen Bataillons, der uns gegenüber commandirte, und es entspannen sich allmälig Tag für Tag kleine Gefechte in und um Breckendorf, die indessen zu nichts führten und den Vorrath der Lebensmittel auch nicht vergrößerten. Wir waren allmälig an diese Scharmützel so gewöhnt, daß es uns ging, wie dem Wassermüller, der aus dem Schlafe erwacht, wenn seine Mühle steht. Wenn wir des Morgens auf unserm Strohlager erwachten, Mäuse und Hamster vertrieben und Kaffee tranken, so fehlte uns etwas, wenn wir es in Breckendorf nicht knallen hörten, und es wurden Bemerkungen laut, wie: „Es ist zu langweilig! Nicht einmal schießen hört man heute! Sollte der Major nicht 'mal Lust spüren, auszurücken? Was ist denn in Breckendorf los? es fällt ja kein Schuß! Es ist zum Verzweifeln!"

Wir mochten ungefähr sechs Wochen lang so zwischen Vergnügen und Langeweile, Gefechten und Nichtsthun verlebt haben, als wir auf den Einfall kamen, unserm Major ein „diner fin" zu geben. Mit fabelhafter Energie wurde das Project betrieben, und der Hauptmann von B., der von allen Officieren die schönste Hütte besaß, übernahm es, den Tisch zu besorgen. Von Morgens früh bis spät in die Nacht wurden fuderweise Epheukränze gewunden, Moos und Eichenlaub wurde herbeigeschafft, künstliche Sessel wurden bereitet, und als Krone des Luxus wurde aus Breckendorf eine Fensterscheibe herbeigeholt, die, künstlich in Moos und Epheu eingefaßt, über dem Platze thronte, wo unser Major sitzen sollte. Es war in der That ein niedliches Zelt! Alles war so geschickt und hübsch eingerichtet, daß wir anfingen, von uns selbst eine hohe Meinung zu bekommen und das Naturleben der rohen Völker in Amerika als etwas Idyllisches zu betrachten.

Wir schickten unsre Fouriere nach Rendsburg und ließen Cigarren, Wein, Punschessenz, Kaffee, Zucker, Austern und Citronen herbeibringen. Da diese Sachen leider nur für baar Geld zu haben waren, wir aber — wie alle Soldaten — kein Baargeld führten, so mußte uns der Zahlmeister Vorschüsse machen, was er aber erst dann that, als wir ihn feierlichst zu unserm „diner fin" eingeladen hatten. Ein Lieutenant M. aus Westphalen hatte ein Auge auf die Tochter eines reichen Pächters in der Nachbarschaft geworfen und bestand darauf, daß die ganze Pächterfamilie eingeladen werde, damit ihm endlich Gelegenheit geboten würde, das Siegel seines Herzens zu lösen und der schönen Marie unter vier Augen zu gestehen, daß er nicht abgeneigt sei, sich bei den Fleischtöpfen ihres Herrn Vaters häuslich niederzulassen. Der Vorschlag wäre durchgefallen, wenn nicht ein Jeder von uns ein Lottchen, Hannchen, Minchen oder Trinchen gekannt hätte, und es wurde somit endlich beschlossen, daß Jeder seine Herzenskönigin nebst Familie einladen dürfe, vorausgesetzt, daß die Eingeladenen Eß- und Trinkwaaren mitbringen würden.

„Tractiren wollen wir nicht," sagte ein alter Oberlieutenant, der längst sein Trinchen heimgeführt hatte und dem die jugendlichen Gefühle seiner Kameraden etwas antiquirt erschienen, „tractiren wollen wir nicht; wenn die guten Leute aber etwas Gutes mitbringen, so mögen sie willkommen, sein. Ich verderbe kein Fest, nur gegen das Tractiren habe ich einen Widerwillen, den ich mit ins Grab nehmen werde."

Nachdem also die Sache soweit in Ordnung war, wurden Briefe geschrieben an Meier, Schulze, Müller, Schmidt und Hansen, und in den höflichsten Ausdrücken wurde das Ersuchen gestellt, daß "die verehrten Herren mit ihren werthen Damen" uns die Ehre ihrer Gegenwart schenken und am 12. August, Mittags zwölf Uhr, ein Soldatenfrühstück im Lager am Bissensee einnehmen möchten. Da nun die Minchen und Trinchen, Lottchen und Hannchen ihrerseits einen August, Wilhelm, Theodor und Fritz hatten, und da ein gutmüthiger Pächter seiner pausbäckigen, heirathsfähigen Tochter nicht gut eine Bitte abschlagen kann, so erhielten wir auf unsre höflichen Einladungen höfliche Zusagen. — Die Aufregung unter den jungen Officieren war groß.

"Wenn Hannchen morgen kommt, so sprich Du recht viel mit ihrem Vater," bat M.

"Führe Lottchens Vater hier im Lager herum, wenn Du siehst, daß ich mit meinem Taschentuche winke," bat Lieutenant K.

„Du könntest mir wohl den Gefallen thun, Minchens Vater etwas anzusäuseln," flehte der junge Lieutenant W.

„Trinchens Vater hat noch keine Kanonen gesehen, zeige sie ihm doch morgen, ich thue Dir auch einen Gefallen," wisperte Lieutenant B., indem er mir krampfhaft den Arm drückte.

Ich machte die ganze Nacht vor dem diner fin kein Auge zu. Meine Kameraden erzählten mir um die Wette ihre Liebesaffairen von A bis Z; M. kratzte sogar auf der Guitarre, diesem Seufzerkasten aller Verliebten, und sang mit seiner krähenden Stimme hinaus in die Sternennacht: „Steh' ich in stiller Mitternacht so einsam auf der stillen Wacht." Der alte Oberlieutenant schüttelte ärgerlich den Kopf und meinte: „Alles will ich mir gefallen lassen, nur das Klimpern auf dem Winselholz nicht."

„Und das Tractiren nicht," rief M.

„Und das Tractiren nicht," fügte Jener hinzu. „Ihr kriegt die Mädchen doch nicht, das ist noch das einzige Glück bei der ganzen Geschichte, darum habt Erbarmen und macht mich mit Eurem Ver=

liebtthun nicht melancholisch; es ist ja doch nichts, als reiner Larifari!"

So verging unter Liebesseufzern, Flohstichen, Mäuse- und Hamsterbesuchen die Nacht, und in niegesehener Glorie erhob sich die Sonne am 12. August aus ihrem Nachtlager, um das Festzelt am Bissensee zu betrachten und mit ihren Strahlen zu vergolden. Die Officiere verwendeten unendliche Zeit zum Anziehen; die reinen Hemden wurden aus den Koffern im Bagagewagen herbeigeholt und der muffige Geruch derselben wurde mit Eau de Cologne, so weit thunlich, vertilgt. Haaröl war leider wenig vorhanden, daher wurde trotz der eifrigsten Protestation des alten Oberlieutenants eine Flasche Salatöl geopfert, und wir erglänzten Alle in nie gesehener Pracht. Besonders M. war wie ein Oelgötze so blank. Er wiegte sich in den Hüften, spielte sinnend mit seiner Lorgnette, zupfte Tausendschön und Gänseblümchen zwischen den Fingern und verschmähte es, eine Cigarre zu rauchen, weil Marie den Geruch nicht leiden mochte.

Die Delicatessen wurden ausgepackt. Ein furchtbar schöner Anblick! Der Oberlieutenant stand mit den Händen in der Hosentasche am Tische und las mit Heißhunger die Vignetten der verschiedenen Flaschen, Schachteln, Krüge und Gläser. „Ananas! B., Sie sind ein Gott! Ananas! himmlische Gerechtigkeit, ist es Wahrheit oder Dichtung? träume ich, oder bin ich bei Sinnen? Ananas und Austern! Sie haben doch genug Austern? Sonst schicken wir lieber nochmals nach Rendsburg. Ich will meine Uhr versetzen, wenn es nöthig, wir wollen uns heute nicht lumpen lassen; nein, hole mich der Teufel, B., nur nicht lumpen lassen!"

„Komme doch, komme doch, komm, Du Schöne!" flötete M.

„Herrrjeses!" schrie der alte Oberlieutenant, „Mensch, Freund und Kupferstecher, wie können Sie bei diesem Anblick da solch dummes Zeug herbrüllen!"

„Dein ist mein Herz," entgegnete M., indem er seinen Arm um den Leib seines Freundes schlang, „Sie sollen meine Portion Caviar haben, aber dann lassen Sie mich auch singen."

„Caviar? Caviar?" rief der Alte, indem er M.'s Hand preßte. „Goldjungen, die Ihr seid, mein Lieblingsessen! Caviar? Hört, Kinder, laßt mich ihn einmal versuchen, ob er auch gut ist. Was? Blos eine Messerspitze voll! Soll ich, B.? Ja?"

„Gott bewahre!" rief B., „das wäre ja gegen die Kleiderordnung. Auch nicht daran riechen dürfen Sie. Geduld!"

„Es ist recht so," stöhnte der Alte, „na, wie spät ist es denn schon?"

„Elf Uhr," entgegnete M., „in der nächsten Stunden Schoße liegt das Schicksal einer Welt. Hurrah, da kommt schon ein Wagen." — Und so war es. Ein Wagen voll junger Mädchen erschien am Rande des Waldes, zwei, drei, vier Wagen folgten hinterdrein. Welch' ein Anblick, so ein holsteinischer Wagen, von zwei dicken, fetten Dithmarser Pferden gezogen, den alten Kutscher in seinen Sonntagskleidern auf dem Kutschersitze, die Meerschaumpfeife mit der Perlenschnur unter der rothen Weste hervorguckend.

In langsamem Trabe nahte sich die Karawane, und als sie endlich anhielt — ja, wer beschriebe diese Scene? Die alten Herren quetschten mit ihren Händedrücken unsre Finger; die Mama's blickten uns mit ihren blauen Augen so unverwüstlich gutmüthig an, die Töchter waren so bodenlos verschämt und lächelten so riesig naiv, daß man aus Mitleid. mit den armen Dingern hätte vergehen mögen. Der Ach's und O's über diesen „reizenden Platz" war kein Ende, das „Wetter war so schön", „so hätten sie sich's doch nicht gedacht" und „so gemüthlich, wie wir uns eingerichtet hätten," waren die Thema's, über welche in der nächsten Stunde geplaudert wurde.

Indessen trugen die Kutscher aus den Wagen unendliche Quantitäten von Lebensmitteln und stapelten sie in der Nähe des Zeltes auf. Der alte Lieutenant kam mit Thränen in den Augen zu mir, zog mich einige Schritte abwärts und sagte:

„O Hauptmann — sie haben Gurkensalat und kalten Entenbraten mitgebracht."

„Sonst nichts?" fragte ich.

„Sonst nichts? Ist das nichts? Rothe Grütze, Kuchen, Torten, Gänse=, Enten=, Hühner=, Reh= und Hasenbraten, Fische gebraten, gesotten und in Gelée, Eistorten, Chocolade, gekochte Krebse, geräucherten Aal, Häringssalat einen Eimer voll!

O! es sind Mordkerle, diese Pächter, es ist der schönste Tag meines Lebens! Na, ich sage Ihnen, ich will aber heute einen Zungenschlag entwickeln, der soll gut sein."

Dabei liebkoste er seinen Schmeerbauch und blickte in die Zukunft, wie Einer, dem es nie fehlschlagen kann.

Der Major war indessen erschienen und hatte mit seiner liebenswürdigen Höflichkeit die Gäste willkommen geheißen. Die Pächter beeilten sich, dem allgemein bekannten und geachteten Commandeur ihre Hochachtung zu beweisen, und die jungen Officiere hatten einen Augenblick Gelegenheit gehabt, mit den jungen Damen Blicke und Händedrücke zu wechseln.

Als B. die Truppen richtig vertheilt sah, meldete er, daß der Tisch gedeckt sei, und der Major führte eine dicke, fettstrahlende Pächtersfrau an den Platz, wo die Fensterscheibe paradirte. Ich nahm M.'s künftige Schwiegermutter und wußte mich so mit ihr zu placiren, daß ihr Ehegatte den verliebten Lieutenant und sein ebenso verliebtes Mariechen nicht zu Gesicht bekommen konnte. Ein dankbarer Blick von M. war mein

Lohn. Der alte Lieutenant hatte sich nicht mit einer Tischdame „behaftet", er saß am obern Ende, von wo aus er den Tisch mustern konnte. Ich habe ihn nie so selig lächeln sehen.

Suppe hatten wir keine, es ging daher gleich über Braten und Compote her. Die Schlacht sollte mit Hühnern anfangen und mit Austern aufhören; die Hühner lagen in Petersilie in den Schüsseln und hielten ihre Herzen und Lebern zwischen den Beinen; sie dufteten so schön, ach so schön, daß ich noch nicht begreifen kann, wie der Unhold von einem Adjutanten in gestrecktem Galopp an das Zelt reiten und laut ausrufen konnte:

„Der Major des dritten Jägercorps!"

Der Major erhob sich, empfing eine schriftliche Ordre. Einen Augenblick tiefe Stille. Dann tönte des Majors laute Stimme:

„An die Gewehre!"

Und an unsre Gäste sich wendend, sagte er:

„Die Dänen rücken an, sie haben die Mühle bei Stenten genommen, wir müssen vorgehen. Auf Wiedersehen!"

Binnen fünf Minuten erschollen die Com=

mando's: „Ueber das Gewehr! In Sectionen vom rechten Flügel abmarschirt! Ohne Tritt, Marsch!"

Wir zogen rasch vorwärts, denn es begegneten uns schon Wagen mit Verwundeten. Adjutanten und Ordonnanzen ermahnten unaufhörlich zum raschen Marschiren, und als wir die Höhe von Stenten erreichten, da sahen wir das zweite Jägercorps langsam einer Uebermacht der Dänen weichen.

„Rechts das Gewehr! Trab, Trab, Jungens!" rief der Major. „Haltet gut Ordnung, Kinder, Trab! Trab!"

Wie ein Gewitter stürzte sich das dritte Jägercorps ins Gefecht, die Dänen zogen sich zurück und hielten die Mühle bei Stenten besetzt, von wo sie mit vier Geschützen und gegen 1000 Mann auf die Schleswig-Holsteiner feuerten. Die Mühle lag auf einem schmalen Damm, mitten in einem kleinen See und war durch die Feigheit eines Hauptmanns vom zweiten Jägercorps an die Dänen verloren gegangen. Der Major von E. klopfte mir auf die Schulter und sagte:

„Nehmen Sie die Mühle schnell, ehe das zweite Jägercorps sich sammelt."

Ich hatte bei meiner Compagnie einen schwedischen Officier, Premierlieutenant L., den verwegensten Mann, den ich je gesehen habe. Er riß sein Käppi vom Kopfe, als er den Befehl zum Angriff hörte, und rief laut: „Gud forbanda be Danska." Ich nahm ihn, einen österreichischen Officier, Lieutenant L., und alle Freiwilligen an die Spitze der Compagnie und ließ im Paradeschritt vorrücken. Plänkeln und Schwärmen konnte uns nichts helfen, nur ein geschlossener Angriff konnte uns in Besitz der Mühle setzen. Meine braven Jäger sangen während des Vorgehens: „Der Hauptmann, er lebe!" — und schritten mit geschultertem Gewehr auf den Damm zu. Eine furchtbare Salve empfing uns.

„Zum Angriff das Gewehr!" rief ich meinen Leuten zu. „Schießt erst, wenn wir in der Mühle sind. Trab!"

In diesem Augenblick ritt ein Stabsofficier an mich heran und fragte:

„Haben Sie viel verloren?"

Ich kannte den Officier nicht, erwiederte daher kurz: „Ich glaube es nicht, habe mich übrigens nicht umgesehen."

Da rief plötzlich ein Freiwilliger aus Frankfurt, Namens D.: „Das ist Heinrich von Gagern!"

Ein Hurrah, wie es wohl selten ertönt haben mag, begrüßte den edlen Mann, der in schleswig-holsteinischer Uniform sich an die Spitze der Sturmcolonne setzte. Wie wir an die Mühle kamen, das weiß ich nicht. Wir stürzten jubelnd vorwärts, und als wir die Mühle erreichten, da sprangen die Dänen aus Fenstern und Thüren zu Hunderten heraus.

„Feuer! Feuer!" riefen die Officiere. Ein Schrei, der auf unsre Salve folgte, bewies, daß wir getroffen hatten. Die Dänen flohen wild vor uns über die Haide, wir hinterher. Die Jäger warfen Käppi's, Gewehre und Hirschfänger, Alles, was sie im Laufe hindern konnte, von sich und verfolgten die fliehenden Dänen, von denen sie manchen mit den Händen ergriffen. Ich habe nie eine größere Aufregung unter Menschen gesehen, als an dem Tage herrschte, von welchem ich erzähle. Ein preußischer Militair sagt in seiner Abhandlung über den schleswig-holsteinischen Krieg, daß W. seine Truppen nicht zu beurtheilen verstand, weil er an jenem Tage nicht Schleswig erstürmte. Er verglich den Angriff der Jäger mit dem der französischen Garde bei Waterloo. Ich glaube, daß unsre Truppen bei Stenten einen fünffach überlegenen Feind vor sich hatten, sie warfen sich mit solcher Wuth und ohne einen Schuß zu thun, auf die Dänen, daß diese beim ersten Angriff zurückprallten und erst dann wieder zum Stehen kamen, als' unsre Nachtmütze von einem General „Hahn in Ruh" blasen ließ.

Es war ungefähr sechs Uhr Abends, als das dritte Jägercorps wieder versammelt war. Die Leute standen lachend und schwatzend bei den Gewehren, die Officiere sprachen mit dem Major, der freudestrahlend seine „Kinder" lobte und den General tadelte, weil er uns nicht vorwärts marschiren lassen wollte.

„Wenn wir nur bald abmarschirten," sagte der alte Lieutenant, „damit wir doch Abendessen vorfänden. Mir soll's heute Abend nach der verfluchten Laufpartie doppelt schmecken! Herrgott von Mannheim! habe ich einen Hunger."

M. hatte einen Streifschuß am Arm erhalten und freute sich auf Mariechens Pflege; T. war durch den Arm geschossen, grinste aber vor Vergnügen, weil er den „Forbanda be Danska" durch und durch gerannt hatte; sonst war keiner von uns verwundet, und auch von unsern Leuten waren sehr wenig leicht verwundet. Wir konnten uns aber über den Ausgang des Gefechtes doch nicht recht freuen, denn erstens war es nutzlos gewesen, wie alle unsre Kämpfe, und zweitens das diner fin! — Was war aus den Pächtern, den Mama's, den Minchen und Trinchen geworden? Wie befand sich der Caviar? Wo waren die Hühner- und Entenpasteten? Wo war Wein und Ananas? Hielten die reizenden Pausbäckchen Wache bei unsern Schätzen, oder war ihnen Uebles widerfahren? Lauter Fragen, die wir Alle stellten und die Niemand beantworten konnte.

Endlich gegen sieben Uhr erhielten wir Befehl, wieder in unser Bivouac zu marschiren. Hungrig und durstig, wie wir waren, legten wir den Weg nach Bissensee schnell zurück, immer ängstlich nach vorn lugend, ob wir nicht einen Blick auf unser Heiligthum werfen könnten; aber es ward dunkel, bevor wir unsre „Heimath" erreichten, und als wir sie erreichten, was fanden wir da?

Die Bauern von Breckendorf, des langen Fastens müde, hatten sich an den Bissensee begeben und nach kurzem Proceß mit den Pächtern und deren "verehrten Familien" eine heillose Razzia angestellt, so daß auch nichts, sage gar nichts von unsern schönen, wunderschönen Delicatessen nachgeblieben war. Ja, wenn nur Brod, oder Bohnen dagewesen wären; aber nichts, partout nichts war zurückgelassen, als der Epheukranz; sogar die Fensterscheibe war von ihrem egoistischen Besitzer wieder abgeholt worden. Was sollten wir anfangen? Etwas muß der Mensch essen, wenn er hungrig ist, das lehrt die Erfahrung. Wir zogen daher auf Raub aus, melkten die Kühe auf einem nahe gelegenen Gute, stahlen Kartoffeln und schossen einen Schafbock, den wir nachher nicht essen konnten, weil er zu polizeiwidrige Düfte gen Himmel sandte.

"Singen Sie doch," spöttelte der alte Oberlieutenant. "Singen Sie doch, Herr M."

"Ja," antwortete dieser, "tractiren Sie doch! wie hat die Messerspitze voll Caviar geschmeckt? He?"

# Der Lurbaß.

Ich lag mit einer Compagnie des dritten Jägercorps auf Friedrichshof, wo der Commandeur der Avantgarde, General von Gebhardt, sein Hauptquartier aufgeschlagen hatte. Der General war ein liebenswürdiger Vorgesetzter; er suchte die Gesellschaft der jungen Officiere, brachte ganze Abende plaudernd und erzählend unter ihnen zu, und erfreute sich deswegen einer großen Popularität. Zu seinen vielen Eigenthümlichkeiten gehörte auch die, daß er Morgens nach dem Frühstück den Dohnenstieg besuchte, um die Krammetsvögel auszunehmen, welche sich über Nacht gefangen hatten. Ich stand bei dem General gut angeschrieben, und als ich mich daher eines Morgens mit der ersten Compagnie des dritten Jägercorps zum Dienste meldete, sagte er: "Lassen Sie es gut sein — ich will gerade Vögel ausnehmen. Sie können mitgehen — der Lorenz hat einen Korb, bitten Sie den Lorenz, Ihnen denselben zu geben. Nach der neblichten Nacht müssen viele Vögel in den Dohnen hängen."

Lorenz gab begreiflich den Korb her, und ich wanderte mit dem Commandeur der Avantgarde nach dem Tannenholze, um Weindrosseln auszunehmen. "Da hängt eine," rief der General, der jeden Platz kannte, wo eine Dohne hing. "Da ist wieder eine — zwei! Sehen Sie nicht? da hängen zwei in einer Schlinge." Der alte Herr war ganz entzückt über den reichen Fang. Fast in jeder Dohne hing ein Vogel, so daß unser Korb halbvoll war, als wir die erste Hälfte des Dohnenstiegs ausgenommen hatten.

"Warten Sie nur, bis wir auf den Hügel kommen," sagte der General; "ich wette Ihnen eine Flasche Champagner, daß wir in jeder Schlinge einen Vogel treffen. Hier unten in der Ebene habe ich nie viele gesehen, aber oben hängt es brechend voll."

Wir erreichten die Höhe und betraten den Dohnenstieg. Die ersten Dohnen waren leer — leer — Alles leer — wo eine Dohne hing, war die Schlinge in Unordnung, die Beere abgerissen — die Vögel waren ausgenommen. Kaum hatte ich die schwarze Ahnung ausgesprochen, als der General zwischen den jungen Tannen eine Uniform zu entdecken glaubte. „Kommen Sie doch 'mal her, mein Geliebter," rief er wuthschnaubend. Ein Jäger meiner Compagnie kam etwas verlegen aus dem Dickicht und stellte sich vor dem General in Positur.

„Was machen Sie hier?" fragte der General.

Der Jäger sah mich bittend an, ich nickte ihm verstohlen zu, und da er sah, daß ich ihm mit einem blauen Auge durchhelfen würde, gestand er seine Schandthat.

„Wie viele Vögel haben Sie ausgenommen?"

„Ich weiß nicht, Herr General!"

„Sie wissen nicht? Können Sie zählen?"

„Zu Befehl, Herr General!"

„Dann zählen Sie mir sie vor!"

„Die Vögel liegen da in meinem Tornister," stotterte der Jäger.

„Holen Sie ihn her! — Der Kerl soll die Angst kriegen. Mir die Vögel ausnehmen und in den Tornister packen! Himmelsacrement und kein Ende!"

Der Jäger brachte den Tornister, öffnete ihn vorsichtig — er war voll von Krammetsvögeln.

„Zählen — ein bei ein," befahl der General.

„Een, twee, dree, veer, fif —"

„Hochdeutsch zählen! bleiben Sie mir mit Ihren „Fifen" weg! Hochdeutsch!"

„Ich kann nicht, Herr General!"

„Sie sprechen doch Hochdeutsch, da werden Sie doch auch zählen können."

„Nein, Herr General!"

„Nun, denn man immer zu mit Ihren Fifen!"

„Söß, söben, ocht, negen, tein —" hier blickte der Jäger mich ängstlich an; ich gab ihm aber durch alle möglichen Zeichen zu verstehen, daß er sich nicht fürchten solle; und er hub wieder an zu zählen und hörte nicht eher auf, bis er „Söben und börtig," siebenunddreißig Krammetsvögel ausgepackt hatte.

„Was glauben Sie, wird jetzt geschehen?" fragte der General; „ich möchte blos wissen, ob

Sie eine Idee von dem haben, was heute mit Ihnen passirt? Nun, was denken Sie wohl?"

„Ich weiß nicht," sagte der Jäger.

„Ein Jahr Festungsarrest ist das Allerwenigste, vielleicht fünf Jahre Zuchthaus! Ich will Ihnen was sagen, Jäger, — wie heißen Sie?"

„Matthias Johannsen, Herr General."

„Also, Jäger Johannsen, Sie sind ein Lurbaß, ein ganz niederträchtiger Lurbaß! Jetzt nehmen Sie die Krammetsvögel und bringen sie dem Lorenz, und dann melden Sie sich beim Wachtcommandanten in Arrest. Ich will Euch lehren, meinen Dohnenstieg respectiren! Also, daß Sie es wissen, Sie sind ein Lurbaß! Wissen Sie, was Sie sind?"

„Ein Lurbaß, Herr General."

„Ja, ein ganz gehöriger Lurbaß sind Sie! Jetzt marsch fort! Sie Millionen-Lurbaß! Das einzige Vergnügen, das man hat, wird Einem von den eignen Leuten gestört; ich thue den Leuten zu Liebe, was ich kann, und zum Dank dafür nimmt mir der Lurbaß meine Vögel aus. Ist der Kerl von Ihrer Compagnie?"

„Zu Befehl, Herr General."

"Scheint eine saubere Compagnie zu sein! Gefällt mir nicht! Müssen Ihre Leute besser anhalten! Taugt der Kerl etwas? dient er schon lange?"

"Er ist ein braver Soldat, Herr General — und trotzdem steht er in der zweiten Classe und hat die schleswig-holsteinische Cocarde ablegen müssen."

"Ein braver Soldat und Krammetsvögel steh— ausnehmen! Ein braver Soldat und doch keine Cocarde? Wie reimt sich das zusammen?"

"Wenn Sie erlauben, werde ich Ihnen erzählen, durch welchen Umstand er die Cocarde einbüßte. Der Mann jammert mich, und ich möchte ein gutes Wort für ihn einlegen, damit Sie ihm verzeihen, Herr General."

"Ihr Schleswig-Holsteiner haltet zusammen wie Pech!" knurrte der General. "Schießen Sie los und erzählen Sie mir, was diesen Tugendhelden in die zweite Classe gebracht hat."

"Er war mit vielen andern Soldaten auf einem Tanzboden. Ein Unterofficier, der des Guten zu viel gethan, zog gegen einen Soldaten den Säbel. Die Anderen fielen über ihn her, nahmen ihm den Säbel ab und brachten ihn aus dem Saal. Am folgenden Tage zeigte der Unterofficier Matthias Johannsen als denjenigen an, der sich gegen seinen Vorgesetzten thätlich vergangen habe — und das Kriegsgericht verurtheilte ihn zu einmonatlichem Arrest und Verlust der Cocarde. Seit dieser Zeit ist der Jäger Johannsen tiefsinnig und begeht bisweilen Thorheiten wie die heutige, gleichsam, als wolle er sich absichtlich ins Unglück stürzen."

Der General kaute am Schnurrbart. „Also sonst ein braver Kerl?" fragte er, mich scharf anblickend.

„Ein sehr braver Mann."

„Soll die Cocarde wieder haben!"

„Und wegen der Vögel, die er ausgehoben?"

„Der verdammte Lurbaß! Siebenunddreißig Vögel hat er ausgenommen und nicht einmal die Dohnen wieder gerichtet. Bestraft muß er werden, geben Sie ihm zwölf Stunden Arrest — und, damit er die Vögel nicht umsonst ausgenommen hat, soll er mir sie rupfen, alle siebenunddreißig! Sagen Sie aber Ihren Leuten, daß ich mir ausbitte — Wer Teufel kommt da an? Ist das nicht der Pape?"

„Ja wohl, Herr General, es ist der Lieutenant Pape, und wie mir scheint, hat er Eile!"

Pape sprengte im Galopp heran, sprang vom Pferde und übergab dem General einen Befehl des General-Commando's.

Während der alte Herr las, flüsterte er mir zu: „Morgen früh um fünf Uhr marschiren wir nach Missunde. Diesmal setzt es etwas. Funfzehntausend Mann und acht Batterieen haben Marschordre."

Der General winkte dem Adjutanten und gab mir durch ein freundliches Kopfnicken zu verstehen, daß ich gehen könne. Ich begab mich zu meinen Leuten und erzählte ihnen, was ich eben vernommen hatte. Den Lurbaß nahm ich extra vor und sagte ihm, daß er morgen seine Cocarde wieder haben solle; er möge nur vermeiden, dem General zu begegnen, und die unglücklichen Drosseln rupfen.

Die Jäger nahmen die Nachricht, daß es morgen zum Gefechte kommen würde, mit der Ruhe und Besonnenheit auf, welche den Deutschen, besonders den Norddeutschen, so eigenthümlich ist. Statt Hurrah zu rufen und sich zu betrinken,

packten sie ihre Tornister aus und behielten nur
das Nothwendigste zurück. Wer seine Bandage
verloren hatte, ersetzte sie durch eine neue; die
alten Zündhütchen wurden vorsichtig abgenommen
und gegen frische vertauscht. Manche schrieben
nach Hause, Andere horchten der Terrainschilde=
rung aufmerksam zu, die ein Unterofficier von
der Gegend um Missunde, entwarf.

Die Dänen hatten ein Lager aufgeschlagen
bei Kochendorf, einem Kirchdorfe zwischen Eckern=
förde und der Schlei. Das Lager war, wie wir
durch Spione wußten, durch einen Laufgraben
gedeckt und durch mehrere Batterieen verstärkt.
Die Zahl der Feinde wurde auf 6—8000 an=
gegeben. Die Rückzugslinie der Dänen ging über
das Dorf Cosel nach Missunde, wo ein starker
Brückenkopf die an dieser Stelle sehr schmale
Meeresbucht, welche unter dem Namen Schlei
bekannt ist, vollständig beherrschte. Zudem hatten
die Dänen vor Eckernförde Kriegsschiffe liegen,
und das nördliche Ufer der Schlei, Missunde
gegenüber, mit Batterieen bespickt. Die Knicke
und Wälle waren rings umher niedergerissen, die
Distancen sorgfältig gemessen, so daß die dänische

Artillerie ein schreckliches Feuer auf die Angreifenden richten konnte. Um aber der deutschen Artillerie das Auffahren zu erschweren, waren die Wege durchstochen und unpassirbar gemacht.

Die Jäger hörten diesen Mittheilungen mit gespannter Aufmerksamkeit zu und bemerkten sehr richtig, daß es nothwendig sein werde, nicht viel Federlesens zu machen, sondern mit dem Bajonnet darauf loszugehen.

Früh am 12. September 1850 marschirten wir von Friedrichshof ab. Es war ein herrlicher Herbstmorgen; unsre Straße führte uns durch prangende Wälder und reiche Dörfer und Felder — das schöne deutsche Land war wohl eines Kampfes werth. Die Bewohner der Dörfer kamen uns mit Erfrischungen aller Arten entgegen; manche Mutter erkannte ihren Sohn und drückte ihm weinend einen Kuß auf das bärtige Gesicht. Das zweite Jägercorps hatte die Spitze; es traf schon vor Kochendorf auf den Feind, warf ihn aber überall mit dem Bajonnet zurück. Als wir uns Kochendorf näherten, rückten das erste Bataillon und das dritte Jägercorps in die Gefechtslinie. Es war ein Wetteifer unter den Bataillonen, welches zuerst an den Feind kommen sollte. Das zweite Jägercorps, geführt von dem tapferen Hauptmann von Ganzer, ließ uns lange nicht ins Gefecht kommen. Der kleine Hauptmann schwenkte seinen Säbel und stürzte sich, von dem herrlichen Corps gefolgt, auf die Dänen. Eine Position nach der andern, ein Haus, ein Zaun, eine Waldlisière nach der andern wurde mit dem Bajonnet genommen, und wenn der begeisterte Führer nach der Erstürmung einer Position "Schlagt an! Feuer!" rief — beantworteten unsre Leute sein Commando mit einem lauten Hurrah. — Wir hatten noch keinen Schuß gethan und glaubten schon, daß das zweite Jägercorps die ganze Arbeit allein thun würde; aber es kam anders.

Vor uns stand das Lager der Dänen — eine vollständige Stadt aus Stroh und Latten gebaut; aus den Laufgräben blitzten die Bajonnete, die Kanonen drohten Tod und Verderben. Hauptmann von Ganzer drängte die Dänen nördlich nach der Schlei zu, wir — d. h. das erste Bataillon und dritte Jägercorps — griffen mit Sturm das Lager an. Kaum waren wir auf freiem Terrain, als die Kanonen uns begrüßten.

Zweiunddreißig Geschütze beschossen uns mit Voll- und Hohlkugeln — noch höre ich den klatschenden Schlag in meinen Ohren, mit welchem eine Vollkugel in das erste Bataillon einschlug und zehn oder zwölf Mann niederriß. — „Schließt Euch!" rief der Major von Behrens — unstreitig einer der tüchtigsten Officiere unsrer Armee — „Vorwärts, erstes Bataillon!"

„Schwärmen!" rief mein Commandeur, der heldenmüthige Major von Eickstedt. — „Schnell avanciren!" Im Nu rissen die Jäger die Büchsen von der Schulter und flogen über das Feld. Ein schreckliches Feuer empfing uns, und laß Dir sagen, lieber Leser, Alles ist zu ertragen in der Schlacht, nur nicht ein wohlgezieltes Kanonenfeuer, das mit furchtbarer Consequenz eine Vollkugel nach der andern daherschickt. Mir ist es in solchen Stunden, wenn ich den weißen Rauch aufsteigen sah, immer gewesen, als ob die Kugel mir direct ins Gesicht fliegen müsse. Die Dinger sausen Einem um die Ohren und wühlen die Erde neben Einem auf! — — Brrr! — Wir lagen auf der Erde, krochen vorsichtig weiter, schossen und luden im Liegen, und krochen wieder vorwärts. Kartätschen sausten daher — Granaten platzten über und neben uns — wir krochen näher. Die Dänen im Laufgraben feuerten ihre Donnerbüchsen ab, die mit zwei Rehposten und einer Bleiplatte geladen waren — die Jäger lachten über „Hannemann" und rückten immer näher.

„Avanciren! drittes Jägercorps, avanciren!" blies der Hornist. — Rasch sprangen wir auf — Hurrah! — d'rauf und d'ran durch Rauch und Feuer, Kanonen- und Flintenkugeln! — Wir hatten den Laufgraben. Die Artillerie hatte ihre Stellung aufgegeben. In sausender Carriere fuhr sie ab; eine neue Position wurde gewählt, neues Verderben spieen die Kanonen. Ich sah mich um; es schien mir, als ob die Erde bebte; — da kam die vierte Sechspfünder-Batterie. Die Kanoniere schwenkten die Helme, Trompeten bliesen, Rosse schnoben — „Há! welche Lust, Soldat zu sein!" sangen die Leute — die Kanonen flogen daher — eine Bombe reißt zehn Pferde und sechs Mann in Stücke — im Umsehen sind die Pferde abgespannt, vorwärts fliegt die Batterie. — „Abprotzen! Batterie, Feuer!" ertönt der Ruf des Officiers. — Acht

Kanonen donnern dem Feinde entgegen. — Wieder eine Salve! — In der nächsten dänischen Batterie fliegt ein Pulverkarren in die Luft. — „Avanciren, erstes Bataillon! Avanciren, drittes Jägercorps!" rufen die Hörner. Die Musikcorps spielen auf, und „Schleswig-Holstein meerumschlungen" singen die stürmenden Krieger. Eine zweite Batterie fährt hinter uns auf, eine dritte, vierte, fünfte, sechste. Wie rasend stürzen die Pferde vorwärts, lustig schmettern die Trompeten. „Feuer, Batterie-Feuer!" blasen die Signale. Weißer Rauch steigt auf aus hundert Geschützen, die Erde dröhnt unter dem Donner der Schlacht. Die Dänen retiriren, ihre Batterieen fahren ab über die Brücke bei Missunde, Ordonnanzen fliegen längs der Chaussee nach Schleswig. Plötzlich hören wir Gewehrfeuer in der linken Flanke. Es ist Ganzer, er treibt die fliehenden Dänen vor sich her. Einen Augenblick machen sie Halt — „d'rauf und d'ran!" ruft der unermüdliche Verfolger — er wirft sie in die Schlei.

Wir hatten die Dänen bis an den Brückenkopf getrieben und richteten ein verheerendes Spitzkugelfeuer auf die Artillerie. Namentlich eine dänische Batterie war unsern Schützen fast ganz preisgegeben; wir schossen die Kanoniere nieder, wenn sie mit der Lunte ans Geschütz traten. Ihr Hauptmann sprach ihnen Muth zu. Er stieg kühn auf einen Wall, kreuzte die Arme, um seinen Leuten Courage zu machen — ein Schuß knallt neben meinem Ohr — der Hauptmann schlägt die Arme auseinander und fällt tobt hin. „Endlich!" sagt eine Stimme neben mir; ich drehe mich um — es ist der Lurbaß. Sein Gesicht ist mit Blut gefärbt, sein linker Arm ist verbunden, der Roßschweif ist vom Käppi abgeschossen — und dennoch lächelt der Jäger zufrieden und sagt: „Acht Mal habe ich vorbeigeschossen auf den Hauptmann — aber jetzt hat er sein Theil!" — Der Hornist wankt; das Blut strömt aus seiner Seite — er drückt mir die Hand und überreicht mir das Horn. Zwei Mann tragen ihn fort. — „Kann Einer von Euch blasen?" frage ich. — „Das kann ich," sagt der Lurbaß. Er hebt den verwundeten Arm und bläst: „Avanciren!"

Das erste Bataillon rückt geschlossen heran. Ein entsetzliches Feuer empfängt die braven Burschen.

Wie Hagelkörner so dicht schlagen die Kugeln der Dänen in das Bataillon. — „Es ist Euer Tod," ruft ihnen ein Officier zu. — „Matt nix, Tambour schlag an!" rufen die Soldaten, und wie ein Gewitter stürzen wir uns auf den Brückenkopf. Wir mochten funfzehnhundert Mann sein und sollten eine Schiffbrücke stürmen, die von sechs- bis achttausend Infanteristen und acht Batterieen vertheidigt wurde!

Die achtzehnpfündige Batterie des Hauptmanns Christiansen und vier Bataillone kamen nicht ins Gefecht. Ein furchtbarer Kampf entspann sich am Brückenkopf; die Leute schlugen sich wie Verzweifelte. Wir hofften sicher auf Hülfe von unseren Brüdern — statt dessen hörten wir aber das Signal: „Zurück!" — Zurück? Funfzehnhundert Mann im Kampfe mit Sechstausend, im Bajonnetkampfe — und zurück? — Wer erbarmt sich der Verwundeten, die uns flehend zurufen: „Nehmt uns mit!"

Wir mußten zurück, das steile Ufer im furchtbaren Feuer ersteigen, den Andrang des Feindes, das Kanonenfeuer der nachsetzenden Batterieen aushalten. Als wir die Höhe erreichten, waren

unsere Kanonen abgefahren, unsere Bataillone in vollem Rückmarsch. Wir formirten eine Tirailleur=
kette und wichen langsam zurück, bis wir Kochen=
dorf erreichten. Da lag der Hauptmann Schmidt neben Hauptmann Domeyer und dreißig bis vierzig Jägern in einer Schenke, Schmidt war in den Leib, Domeyer durch den Hals geschossen. Die Leute waren alle Schwerverwundete. Manche waren schon todt, manche lagen im letzten Todes=
kampfe. Schmidt's Rechte ruhte in der Hand seines Flügelmannes, der in den Kopf geschossen war. Als ich eintrat, weinte Schmidt und sagte: „Trauern Sie nicht um mich — um den da thut mir's leid!" Wir waren kaum im Stande, unsere verwundeten Kameraden zu retten, so hart drängten die siegreichen Dänen nach, und noch immer ließ Willisen, der in seinen Proclamationen gesagt hatte, daß er den Krieg kenne, keine Posi=
tion zu unserm Schutze nehmen.

Erst spät am Abend erreichten wir das dä=
nische Lager. Es war künstlich und mit Geschmack gebaut. Die Officiershütten hatten Lehnstühle, aus Stroh geflochten, Blumen waren gepflanzt, Kränze hingen über den Thüren. Ingrimmig

über unser nutzloses Kämpfen zündeten wir das Lager an. Es war ein furchtbar schöner Anblick. Kein Lüftchen bewegte sich; Ruhe und Frieden herrschten ringsum; da, plötzlich steigt eine Flamme empor, erst klein und unbedeutend, doch schnell sich weiter fressend zum Ungeheuer heranwachsend. Die Bataillone marschirten langsam und feierlich durch die Säulen von Rauch; die züngelnden Flammen schlugen über ihnen zusammen, Millionen Funken hinaufsendend in die dunkle Nacht. Scheu bebten die Rosse zurück vor dem Flammenmeer. Die blanken Helme der Reiter funkelten im grellen Widerscheine des Lichts, schauerlich ertönten die Lieder der Soldaten inmitten der entsetzlichen Verwüstung.

Der Anblick des brennenden Lagers erzürnte die dänischen Soldaten vor Eckernförde. Mit einer der dänischen Nation würdigen Tapferkeit warfen sie von den Schiffen Bomben in die Mühle von Eckernförde, in das Holzlager des Kaufmanns Lange. Der Verräther hatte seine Tochter dem tapfern Hauptmann Jungmann, welcher bei der Vernichtung der Flotte im April 1849 unsterblichen Ruhm erwarb, zur Gattin gegeben —

Grund genug für das dänische Volk, den Vater zu verfolgen. Sie bombardirten die friedliche Stadt, vernichteten die bedeutenden Holzvorräthe und zerstörten die Windmühle. Kein Wunder! Es lag kein deutscher Fürst mit Nassauern und Schleswig-Holsteinern in der Nähe, der ihnen zum zweiten Male eine Probe deutschen Muthes und deutscher Kraft hätte geben können. Aber die stolze dänische Flotte mußte ihren Heldenmuth beweisen, die verlorenen Lorbeern wieder gewinnen. — Eckernförde wurde bombardirt von den dänischen Helden! —

Zwei Tage nach dieser „Recognoscirung," wie Seine Excellenz den Angriff auf Missunde nannte, bei welchem wir mehrere Hundert Todte und Verwundete hatten und eben so viele Gefangene verloren, befahl der General von Gerhardt mir, die Jäger-Compagnie antreten zu lassen.

„Lassen Sie einen Kreis formiren!"

Die Compagnie schwenkte links und rechts — der Kreis war gebildet.

„Lassen Sie den Jäger Matthias Johannsen vortreten."

„Matthias Johannsen!"

„Hier!"

„Vortreten!"

„Von zwei Kameraden geführt, trat er vor den General. Sein linker Arm hing in der Binde, oberhalb des Knie's trug er eine Bandage. Ein Streifschuß hatte seine Brust getroffen.

Der General reichte ihm die Hand und sagte: „Sie tragen keine Cocarde?"

Das blasse Gesicht des Soldaten färbte sich purpurn.

„Nehmen Sie meine Cocarde — erweisen Sie mir die Ehre! Ich bin stolz darauf, sie Ihnen geben zu dürfen, stolz, wenn Sie sie nehmen."

„Achtung! — Schultert das Gewehr! — Präsentirt das Gewehr! — Ihre Kameraden präsentiren vor Ihnen — das ist eine Ehre — denn Ihre Kameraden sind brave Männer — aber Sie sind der bravste!"

Ein Strom von Thränen drang aus den Augen des verwundeten Kriegers — kein Auge blieb thränenleer.

„Achtung! — Schultert das Gewehr!"

„Leute, ich habe Euerm Kameraden Unrecht gethan, habe ihn einen Lurbaß genannt. Er ist kein Lurbaß, sondern stehende Ordonnanz bei dem Commando der Avantgarde und nicht mehr in der zweiten Classe, sondern in der ersten Classe des Soldatenstandes. Nicht wahr, Jäger?"

„Ja, Herr General!"

„Oeffnet den Kreis! — Rechts und linksum! Marsch! Halt!"

Der General faßte Johannsen unterm Arm und zog ihn ins Zimmer, wo ein gedeckter Frühstückstisch bereit stand. Die Officiere des Stabes tranken das Wohl des ehrlichen schleswig-holsteinischen Bauerjungen, der glühend vor freudiger Aufregung dem Wiederhersteller seiner Ehre die Hand reichte.

---

Zehn Jahre später begegnete mir auf einer einsamen Wanderung am Missourifluß ein zum Skelet zusammengefallener Mensch. Er schleppte sich mühsam weiter in der brennenden Sonnenhitze, in dem giftigen Boden des Waldes. Bestürzt über sein geisterhaftes Aussehen bot ich dem Kranken meine Hülfe an — es war Matthias Johannsen! Ob er mich erkannte? — ich weiß es nicht. Dankend nahm er meine Hülfe an.

Ich erquickte ihn durch einen frischen Trunk und eilte nach der nächsten Farm, um einen Wagen zu holen. Als ich zurückkehrte, war der Kranke geheilt! Er lag neben einer umgestürzten Eiche, die Hände über die Brust geschlagen; — auf dem zerrissenen Hemde saß die schleswig-holsteinische Cocarde!

Ich habe ihn begraben in fremder Erde und das Gewehr präsentirt, als der Sarg in die Gruft gesenkt wurde. Wohl ihm! — sein Herz hat ausgeblutet. Sein Leib ruht in freier Erde! —

## Der alte Torfbauer.

Es war Jahrmarkt in Segeberg, und mit dem Jahrmarkt war kaltes, unfreundliches Wetter mit Schnee und Wind eingezogen in das friedliche Städtchen. Ich stand am Fenster meines Gasthofes und bewunderte bald einen Orgeldreher, welcher trotz des kalten Windes und der Schneeflocken, die letzterer ihm in die hohlen Zähne trieb, das Mantellied absang, bald eine Schaar halberfrorener böhmischer Musikanten, die vor Kälte schaudernd den warmen Odem in die alten Trompeten hauchten, als meine Aufmerksamkeit auf einen alten Bauer gelenkt wurde, der langsam, Schritt vor Schritt ein krankes Pferd am Zügel führte. Der Bauer machte Halt vor dem Gast=

hofe und richtete Fragen an den Hausknecht, welche dieser entschieden abzulehnen schien. Das Aeußere des Bauern, seine Haltung, sein leidendes, bekümmertes Aussehen erregten meine Neugierde, so daß ich trotz des schlechten Wetters das Zimmer verließ, um mich nach seinem Anliegen zu erkundigen.

Seine Geschichte war einfach genug, wurde aber von dem armen Menschen so rührend erzählt, daß ich nicht unterlassen konnte, mich seiner anzunehmen.

„Sehen Sie, Herr Officier," sagte der Bauer, als ich sein Pferd in den Stall hatte führen lassen, „sehen Sie, der alte Braune ist krank. Du lieber Gott, ja, er ist recht krank. Na, nun habe ich den Braunen aber schon siebzehn Jahre gehabt, zu Martini waren es gerade siebzehn Jahre — ich habe ihn hier in Segeberg von Heinrich Ohlsen gekauft — aber den kennen Sie wohl nicht, denn er ist schon lange gestorben. Ostern werden es fünf Jahre, daß er starb. Na, nun habe ich ihn denn die siebzehn Jahre gehabt, und er ist nie krank gewesen, es hat ihm nie ein Glied wehe gethan, und als ich gestern Abend in den Stall kam und er nicht wieherte, wie sonst — denn er wiehert immer, wenn ich komme, da denke ich: „Na, was fehlt dem Braunen, daß er nicht wiehert?" Gut, ich hole ja die Laterne, und mein Hannes geht mit in den Stall, und da liegt der Braune und bläst und stöhnt, daß ich denke, er wird gleich sterben. Na, nun bin ich die ganze Nacht bei ihm geblieben und habe ihn gerieben und zugedeckt, und wie es Morgen geworden ist, da bin ich denn losgezogen mit dem alten Braunen. Du lieber Gott, ja! Neun Stunden haben wir gebraucht, um die zwei Meilen zu gehen, der Braune und ich, das Brod ist mir in der Tasche gefroren."

„Was soll denn nun mit dem alten Braunen geschehen?" fragte ich.

„Ja, sehen Sie, Herr Officier, wenn ich nur hierbleiben könnte und selbst aufpassen, dann wäre es schon recht, aber meine Frau liegt im Nerven=fieber, und der Hannes, na, das wissen Sie ja, so ein Kind weiß dann auch nicht recht Bescheid, du lieber Gott, ja! Wenn der Curschmied denkt, daß er den Braunen für ein Fuder Torf curiren kann, und wenn der Wirth ihn hier behalten will im Stalle, na, dann will ich nur in Gottes Namen wieder nach Hause zu meiner kranken Frau und heute Nacht wiederkommen, wenn es Gottes allmächtiger Wille ist!"

„Wißt Ihr was?" sagte ich, „der Curschmied soll den alten Gaul curiren, mein Bursche und ich wollen aufpassen, daß er seine Medicin regelmäßig einnimmt, und Ihr geht jetzt nach Hause und pflegt Eure Frau. In drei Tagen kommt Ihr wieder; der Braune wird dann ja wohl entweder gesund oder todt sein."

„Ja, wenn es nur nicht zu viel kostet," erwiederte der Bauer; „die Kriegslasten sind so schwer, die Krankheit meiner Frau hat mir auch schon viel gekostet; — aber mag es kommen, wie es will, der Braune soll sein Recht haben; er hat siebzehn Jahre für mich gearbeitet und immer wieder frisch angezogen, wenn ich und der Hannes den Torf zusammen gefahren haben; der Braune soll curirt werden, das sagen Sie nur dem Curschmied, und wenn es auch zwei Fuder Torf kostet."

Der alte Mann näherte sich dem stöhnenden Thiere, klopfte es auf den Hals, fuhr sich selbst über die Augen und wandte sich der Heimath zu.

Der inzwischen herbeigerufene Curschmied erklärte den Zustand des Braunen für ganz ungefährlich und verordnete einige einfache Mittel, die auch die gewünschte Wirkung thaten, so daß der alte Braune schon am folgenden Morgen etwas Weizenkleie mit Hafer vermischt aus der Krippe fraß, als ich ihm meine Visite machte.

Am dritten Tage kam der Bauer wieder. Ich begegnete ihm auf der Straße und wurde schon von Weitem von ihm erkannt. „Herr Lieutenant!" rief er, „wat maakt de ohle Bruune?"

„Der Braune ist munter und gesund," erwiederte ich, „kommt nur mit."

„Ganz gesund?" fragte der Bauer mit dem seligsten Lächeln.

„Ja, kerngesund! Ist ein hübscher alter Gaul, der Braune."

„Du lieber Gott, ja, ist ein rechtschaffenes Pferd, Herr Lieutenant, thut seine Arbeit und kennt die Gelegenheit beim Hause! Können's mir glauben, er hat oft den Kopf durchs Fenster gesteckt, wenn wir beim Essen waren, gerade als wenn er „gesegnete Mahlzeit" sagen wollte. Du lieber Gott, ja! Sehen Sie, ich könnte ja leicht ein besseres und jüngeres Pferd bekommen, wenn ich das Geld dazu hätte, aber wollen Sie mir wohl glauben, daß ich mich doch besinnen würde, ehe ich den alten Braunen vertauschte?"

Wir standen vor der Stallthür. Der alte Braune wieherte, als er den Tritt seines Herrn und Freundes erkannte; der Bauer verbiß sich die Thränen, als er die Stimme seines Lieblings hörte.

Ich hatte meinen Kameraden von dem braven, alten Bauer erzählt und war vom Commandeur des dritten Jägercorps, dem Major von Eickstädt, beauftragt worden, meinen Freund zum Mittagsessen einzuladen. Am obern Ende des Tisches neben dem Major wurde ihm Platz gemacht; die Officiere tranken seine und seiner Familie Gesundheit; ich stieß ganz heimlich mit ihm an und wisperte ihm zu: „De ohle Bruune schall leewen."

Lange hatte der Bauer gegen seine Verlegenheit angekämpft; endlich erhob er sich und sagte: „Ja, Kinners, danken kann ik nich; wüllt Se mi ober besöken und förleev nehmen mit Melk und Bookweten Grüt, denn so schüllt Se von Harten willkommen sin." (Danken kann ich nicht, Kinder; wollt Ihr mich aber besuchen und fürlieb nehmen mit Milch und Buchweizengrütze, so sollt Ihr von Herzen willkommen sein.)

Monate waren vergangen; wir standen im Herzogthum Schleswig auf der Idstedter Haide und erwarteten mit pochendem Herzen den Angriff des Feindes. Uns fehlten alle Bedingungen des Sieges, indem unser General dem weit überlegenen Feinde den Vortheil der Stellung eingeräumt,*) den Bataillonen fremde, zum Theil unerfahrene und unfähige Officiere gegeben hatte. Preußen hatte seine Commandeurs aus der schleswig-holsteinischen Armee abberufen; mit Thränen waren sie von den Soldaten geschieden, die sie zwei Jahre lang zu manchem Siege geführt hatten; die innere Organisation fehlte unserer Armee; wir waren nichts als eine Schaar von bewaffneten Männern, die bereit waren, für deutsche Ehre und deutsches Recht zu kämpfen. Zehn Tage

---

*) General von Willisen schrieb dem dänischen General vor der Schlacht bei Idstedt: „Ich habe Ihnen den Vortheil der Stellung eingeräumt, um Sie von meinen friedlichen Absichten zu überzeugen." (!!!)

lang hatten wir müssig auf der Haide geruht; nichts war geschehen, um unsere Stellung zu befestigen, nirgends war für die Batterieen ein Aufwurf gemacht, nirgends eine Schanze errichtet. Nur ein einziger Befehl des General-Commando's ging uns zu, aus dem wir entnehmen konnten, daß es sich ernstlich mit dem Wohle der Armee befasse: es wurde uns am 23. Juli 1850 befohlen — „die Haare kurz zu schneiden!"

Am 23. meldeten unsere Patrouillen den Anmarsch des Feindes, und am 24. Morgens begann der Kampf von fünfundzwanzigtausend Deutschen gegen fünfunddreißigtausend Dänen. Der Feind besetzte ohne Schwertstreich Punkte, die wir leicht uneinnehmbar hätten machen können, und jetzt, wo er sich festgesetzt hatte in Sümpfen und Wäldern, mußten wir ihn mit dem Bajonnete hinauswerfen. Ich stand während der Schlacht bei der zweiten Compagnie des dritten Jägercorps; meine Compagnie hielt vereint mit der dritten Compagnie des ersten Jägercorps die Ziegelei bei Engbrügg besetzt. Unsere Abtheilung kam am 24. wenig ins Gefecht. Dafür hatten wir am folgenden Tage einen um so heißeren Kampf zu bestehen.

Wir lagen mit der Büchse im Arme auf dem Hofe der Ziegelei; eine Feldwache, unter dem Commando des tapfern, jugendlichen Lieutenants Bergin, eines Schweden, sollte uns gegen einen Ueberfall schützen; Patrouillen gingen unaufhörlich vor unserer Vorpostenkette auf und ab. Mit dem ersten Grauen des Morgens weckten uns die lang gezogenen Töne der dänischen Signalhörner; im Nu waren wir auf den Füßen, doch bevor wir uns rangiren konnten, überschüttete uns der Feind mit einer Saat von Kugeln. Drei dänische Bataillone — das dritte und fünfte Verstärkungs-Bataillon und das dritte Linien-Infanterie-Bataillon — waren zum Angriff auf unsere Stellung vorgegangen. Unsere kleine Feldwache war fast bis auf den letzten Mann zu Boden gestreckt; Lieutenant Bergin hatte einen Schuß in den rechten Arm bekommen: „Das ist für Deutschland!" rief der heldenmüthige Jüngling, — „vorwärts, Kameraden!" Er stürzt mit seinen Jägern dem Feinde entgegen, wird mit ihm handgemein und stirbt mit fast allen seinen tapfern Burschen den Heldentod.

Der Widerstand der Feldwache hatte die Dänen

nicht aufhalten können. Sie warfen sich mit lautem Hurrah auf die Ziegelei und gaben auf die zwei Compagnieen Jäger Bataillonsfeuer. Wir wichen dem überlegenen Feinde und suchten hinter den Hecken und Knicken, hinter der Ziegelei Schutz. Dem tapfern Hauptmann von Hennings und dem braven Hauptmann von Binzer schuldet die Nachwelt volle Bewunderung; denn mit zwei furchtbar decimirten Compagnieen stürmten sie zweimal die von drei dänischen Bataillonen vertheidigte Ziegelei! Zweimal warfen vierhundert Deutsche dreitausend Dänen mit dem Bajonnet zurück!

Der Kampf war zu ungleich, als daß wir ihn hätten fortführen können. Unsere Compagnie allein hatte ein volles Drittheil ihrer Leute verloren; es fehlte uns nicht an Muth, wohl aber an Kraft, den Feind zu besiegen. In unserer höchsten Noth erschien das zweite Bataillon unter Hauptmann von Jeß; rasch wurden drei Compagnieen als Tirailleure den Jägern zu Hülfe geschickt; die vierte Compagnie ging mit Trommelschlag auf die Ziegelei und das Buchholz vor. Mit lautem Hurrah sprangen die Tirailleurs über Knicke und Zäune, und in einem einzigen Anlaufe hatten wir den Feind geworfen. Ein furchtbarer Kampf entspann sich. Mit Kolben und Bajonnet schlugen die Deutschen auf die dichten Massen der Dänen ein; hinter der dänischen Front spielte ihre Brigademusik den „tappern Landsoldat", aber zum Tacte des tappern Landsoldaten zerschmetterten deutsche Hiebe manch dänisches Hirn. Wir verloren in dem ungleichen Kampfe entsetzlich. Bergin, Waltersdorf, Arnstedt waren todt; Hauptmann Jeß fiel schwer verwundet vom Pferde; unser Feldwebel, Vicefeldwebel und neun Unterofficiere lagen entweder todt oder schwer verwundet auf dem Schlachtfelde, fast die Hälfte unserer Jäger war kampfunfähig. Aber auch die Dänen hatten Verluste erlitten! Bei der Ziegelei und im Buchholze war die Erde an einzelnen Stellen mit Todten und Verwundeten bedeckt. Es war nicht möglich, die Verwundeten fortzuschaffen, und wenn auch mancher brave Kamerad flehend die Hände erhob und um einen Trunk, eine Aenderung seiner Lage bat, — wir konnten nicht helfen, denn mit neuen Bataillonen drangen die Dänen auf uns ein. Vier Stunden hatte der furchtbare Kampf gedauert, umsonst hatten wir um Hülfe gebeten — endlich kam der Generalmajor Graf Otto Baudissin, einer der bravsten und tapfersten Männer der ganzen Armee, mit einer Abtheilung des vierten Bataillons zu unserer Unterstützung herbei. Seine laute, sonore Stimme flößte den erschöpften Streitern neuen Muth ein.

„Uns Grof is do," riefen die Leute sich frohlockend zu, „nun man wedder förwarts!" Ich höre ihn noch, wie er, als ginge es zum Festgelage, inmitten des furchtbarsten Gewehrfeuers seinen Leuten zuredete; ich sehe ihn noch, wie er kühn wie ein Löwe mit seinem Häuflein gegen den Feind stürmte und ihn zum Wanken brachte; ich sehe ihn noch, wie er schwer verwundet zu Boden stürzte und im Fallen seinen Leuten zurief: „Schlagt mit dem Kolben drein, Kinder." Ja, und sie schlugen mit dem Kolben drein, die braven, ehrlichen deutschen Jungen! Eine wahre Wuth war über uns gekommen; wir wollten siegen, und wir siegten. Die Dänen wichen unserm Angriff; wir hatten die Ziegelei und das dahinter liegende Gehölz mit Kolben und Bajonnet genommen! Eine Weile ruhte der Kampf — die

Verwundeten wurden weggeschafft. Bauerwagen fuhren, von Dragonern mit dem Säbel vorwärts getrieben, in sausender Carriere über das Schlachtfeld und luden die verwundeten Krieger auf, um sie auf den Verbandplatz zu bringen.

Der Zug mit den ächzenden Kameraden kam dicht bei mir vorbei. Da plötzlich redete mich eine bekannte Stimme an; ich schlage die Augen auf und erblicke den ehrlichen Torfbauer, der mit seinem alten Braunen herbeigeeilt ist, um dem bedrängten Vaterlande seine schwachen Kräfte zu widmen. „Herr Officier!" rief er, „heute danken wir Ihnen, was Sie an uns gethan — de ohle Bruyne un ick." — Ich drückte dem ehrlichen Manne die Hand und klopfte dem alten Braunen den Rücken. — Der Ausgang der Schlacht ist bekannt. Wir verließen das Schlachtfeld, als die dänische Armee ihr letztes, aus sechshundert Mann bestehendes Bataillon vorschickte, um ihren Rückzug zu decken.

Ich habe Segeberg wieder gesehen, den Freund auf der Haide aufgesucht und mit ihm Milch und Buchweizengrütze gegessen. Er und seine Frau haben mir die Hand darauf gegeben, daß

Hannes ein Jäger werden und für das Vaterland kämpfen soll, wenn er ein Mann ist. Der alte Braune ist todt und wird tief betrauert von seinem Freunde und Herrn.

## Mein Portefeuille.

Die Schlacht bei Idstedt war geschlagen. Trotz der großen Ermüdung der Truppen ward vom General Willisen der Rückmarsch bis Sehestedt am schleswig-holsteinischen Canal angeordnet. Das dritte Jägercorps, bei welchem ich als Premierlieutenant Dienste that und zu dem ich vor Kurzem versetzt war, hatte das Gefecht bei Idstedt vom 24. und die Schlacht vom 25. in vorderster Reihe mitgemacht, und wenn ich die Zeit, in welcher das Corps unausgesetzt in Bewegung gewesen war, gering anschlage, so glaube ich doch behaupten zu können, daß die Mannschaft bei ihrer Ankunft in Sehestedt drei Tage und drei Nächte kaum einige Stunden ein Auge geschlossen hatte. Als daher der Corpscommandeur auf einer Wiese bei Sehestedt das Commando gegeben: „Setzt die Gewehre zusammen! Wegtreten!" sank Jeder von uns augenblicklich nieder, wo er gerade gestanden hatte, und in wenig Momenten bot das Corps, das Tags zuvor zwölf Stunden muthig dem Tode ins Antlitz geblickt und mit begeisterter Tapferkeit auf der Idstedter Haide gekämpft hatte, das Bild der tiefsten Ruhe dar; der langentbehrte Schlaf übte sein Recht; schwerathmend hob sich die Brust manches Braven, der im Traume die gefallenen Brüder gen Himmel steigen sah.

Ich mochte wohl zwei bis drei Stunden in tiefem Schlafe gelegen haben, als ich mich an der Schulter stark berührt fühlte und mich mehrmals „Herr Officier! Herr Officier!" anreden hörte. Die Stimme war eine so dringende und das Rütteln an meiner Schulter ein so unausgesetztes, daß ich allmälig in die Höhe kam und ungeduldig fragte, was es denn gäbe? Mein Störenfried antwortete: „Ist Emil St. hier?" Ich blickte ärgerlich auf und wollte eben erwiedern, daß er und sein Emil mich um Gotteswillen in Ruhe lassen möchten; als ich aber alle Schrecken der

entsetzlichsten Seelenangst in den gramvollen Zü=
gen des Fragers ausgeprägt fand, als ich sah,
daß mein Störenfried in der heftigsten Aufregung
am ganzen Leibe zitterte, als er immer nur die
eine Frage wiederholte: „Ist Emil St. hier?"
dauerte mich der Grabeston seiner Stimme, und
ich entgegnete so freundlich, wie stärkste Schlafes=
sehnsucht möglich machte: „Ich weiß es nicht —
kann sein! Wer sind Sie? Lassen Sie mich in
Ruhe!"

„Herr Officier! Ich suche meinen Sohn! Ist
er hier? Bitte, sagen Sie mir's!"

„Emil St.?" brummte ich wieder. „Ist's
nicht ein schmächtiger Mensch mit schwarzem Haar?
Mit 'ner Idee von 'nem Schnurrbart?"

„Richtig!" entgegnete der Mann, der mit
fieberhafter Spannung diese Worte von meinen
Lippen nahm, „er sieht mir ähnlich! um Gottes=
willen! Sagen Sie mir, ob er von Idstedt zurück
ist! Es ist mein einziges Kind!"

Nun mußte man sich schon erheben. Ich stand
auf und ging zwischen unsern schnarchenden Jä=
gern umher, Jedem in das pulvergeschwärzte
Antlitz sehend und mich auf Emil St. besinnend

Plötzlich rief mein Begleiter: „Da liegt er! Er lebt also!". . . . Ich war froh, mich nun entfernen zu können; denn holder Schlaf, wo kommst du erquickender, als unter Waffen! Ich wollte schon mit einem „Guten Morgen!" Abschied nehmen, als mich der Vater des jungen Mannes krampfhaft festhielt und mir mit bebender Stimme sagte: „Herr Officier! War mein Sohn auch brav? Bitte, sagen Sie mir das erst noch! War er brav?" — „Na," sagt' ich, „wenigstens kann ich Ihnen nicht das Gegentheil beweisen. Er war während der ganzen Schlacht an meiner Seite, und wir waren, denk' ich, vorn. Guten Morgen! Gute Nacht! Wie Sie wollen!" — Dem Vater genügte die Auskunft nicht. Er wollte Thatsachen, schlagende Beweise. „Ich bitte Sie bei Allem, was Ihnen lieb und theuer ist, sagen Sie mir, ob mein Emil so für Schleswig-Holstein gefochten hat, wie ich es mit Recht von meinem einzigen Sohne erwarten darf. Lieber Herr Officier, verzeihen Sie, aber ich bin so aufgeregt! Hat der Junge sich schlecht benommen, so ist meine Lebensfreude dahin; ist er aber wie sich's gehört ins Feuer gegangen, Herr Gott, dann will ich ihn an mich drücken!" — und Thränen erstickten seine Stimme und krampfhaft preßte er meine Hände. Eigentlich hatte ich Mitleid, daß seine Begeisterung den armen Emil aufwecken würde; aber ich hätte von Holz sein müssen, wenn ich den alten Mann ohne Rührung hätte ansehen können; er liebte seinen Sohn offenbar von ganzer Seele, aber das Vaterland stand ihm doch noch höher. Da ich nur unvollständigen Bericht über Emil's Benehmen in der Schlacht ablegen konnte, aber doch von dem Wunsche beseelt war, dem Vater nun auch die günstigsten Nachrichten zu geben, so weckte ich den Unterofficier, der, einige Schritte von Emil entfernt, am Rande eines Grabens schnarchte, und fragte ihn, wie sich der junge St. bei Idstedt benommen hätte? Der Unterofficier, auch nicht sehr erfreut über diese unzeitige Neugier eines Lieutenants, rieb sich die Augen, starrte mich fragend an, besann sich einen Augenblick und antwortete: „De junge St. is een ganz fixen Kirl, man een beeten gar to dulldrist!" — und Bums! in der Secunde hatte ihn das schwellende Gras wieder und Morpheus' bleierne Umarmung deckte ihn. Als das:

"Man een beeten gar to bulldrift!" kaum verklungen war, entquoll auch schon ein heftiger Thränenstrom den Augen des Vaters, und nun wurde der Sohn geweckt. Erschreckend fuhr er auf. Sein erster Blick fiel auf das wonnige Gesicht seines Vaters. Er streckte beide Arme aus und sank ihm mit den Worten: "Vater, es war doch ein Sieg!" an die Brust. "Emil, mein Emil!" rief der glückliche Alte, "Du bist mein lieber Sohn! Junge, wenn Du feig gewesen wärst — aber Du hast tapfer gefochten, Du braver, alter, lieber Junge! Gott segne Dich!" Ich ließ die beiden Glücklichen allein, und als ich nach mehren Stunden stillen Zwiegesprächs mit den Geistern der Nacht und des Traums die Ronde durch die leider — leider stark gelichteten Reihen meiner Jäger machte, sah ich den alten St. neben seinem Sohne sitzen, dessen müdes Haupt wieder entschlummert war, jetzt aber in dem Schoße des liebenden, glücklichen Vaters ruhte. Ich wollte den Vater anreden. Er winkte mir, ich möchte nicht laut sprechen, damit sein Sohn nicht erwache. Noch lange Zeit sah ich ihn Fliegen und Mücken von seinem schlummernden braven Kinde abwehren.

\* \* \*

Zwei Monate später stand das dritte Jägercorps auf Friedrichshof, eine Meile nördlich von Rendsburg. Eines Tages, es war am 10. September, erging an mich die Bitte, ins Wirthshaus zu kommen, es wäre eine Frau da, die mich zu sprechen wünschte. So unangenehm es mir war, eine Partie Billard aufgeben zu müssen, so machte ich mich doch auf den Weg, um die Frau oder Dame kennen zu lernen, die mich hatte rufen lassen.

Das Wirthshaus bei Friedrichshof mag in Friedenszeiten ein ganz erträgliches Bauern-Wirthshaus sein; im September 1850 war es aber eine wahre Mördergrube. Eine Compagnie Soldaten, eine Unmasse von Marketendern und Fuhrleuten benutzten das einzige vorhandene Zimmer als Eß-, Schlaf-, Wohn-, Rauch- und Wachstube, so daß die Atmosphäre in diesem umfassend benutzten Raume allmälig eine Dichtigkeit annahm, die durch ein gewöhnliches Kerzenlicht nicht mehr er-

hellt werden konnte. In diesem Zimmer, oder
Raum wollen wir die Localität nennen, fand ich
die Dame vor, die so freundlich gewesen war,
mich rufen zu lassen. Die Soldaten hatten aus
Artigkeit und Rücksicht gegen eine vornehm ge=
kleidete Frau, die mit vier schönen Füchsen vor=
gefahren war, die Pfeifen ausgehen lassen; nur
hin und wieder hämmerte Einer oder der Andere
beim Kartenspielen auf den Tisch, und als die
gebietende Herrlichkeit eines Lieutenants erschien,
war Ruhe — im Weltall.

Ich bat die schön gekleidete Dame, in ein
anderes Zimmer, d. h. in die Küche zu kommen
und mir zu sagen, was mir das Glück verschafft
hätte, ihr meinen Respect beweisen zu können.
Klopfenden Herzens nahm die freundlich und gut=
müthig blickende kleine Frau meinen Arm, und
als ich meine Frage wiederholte, wodurch ich ihr
dienen könne, entgegnete sie: „Ich bin Emil St.'s
Mutter."

Also nach dem Vater nun die Mutter! Emil
war durch Schicksalsschluß an mein Dasein ge=
bunden.

Ein leuchtender Blick aus zwei sanftstrahlenden

blauen Augen begleitete diese kurze, aber vielsagende Antwort; der Blick hieß so viel, als: "Schaffen Sie meinen Sohn auch mir her, lieber Herr Lieutenant! Was dem Vater recht ist, ist der Mutter billig!" — Ich beantwortete den Blick durch die Bereitwilligkeit, Emil, der auf Feldwache war, rufen d. h. ablösen zu lassen.

"Sie sind sehr freundlich," fuhr die Dame fort; "ich wollte, ich könnte Ihnen so von Herzen danken, aber Sie wissen nicht, wie ein Mutterherz am einzigen Kind hängt. Mein Mann schreibt unaufhörlich an Emil, er solle wie ein Rasender d'rauf gehen, und da fürchte ich denn immer, ich werde meinen Sohn einmal durch seinen Uebermuth zu Grunde gehen sehen." — "Aber," nahm ich diesen Sorgen entgegen das Wort, "sollten denn Ihre Postscripta nicht auch auf Emil einwirken? Ich habe mehre Briefe Ihres Herrn Gemahls gelesen, denen Sie, gnädige Frau, einige freundliche Ermahnungen, im Gegentheil nicht zu tapfer zu sein, beigefügt hatten." — Die Dame erröthete, als sie ihr Geheimniß verrathen sah, faßte dann meine Hände und sagte unter Thränen, die längs ihrer glühenden Wangen

herabriefelten: „Es ist mein einziges Kind!" Die
Besorgniß der Mutter, daß ich ihr zürnen möchte,
lehnte ich mit den Worten ab: „Daß ich das
nicht thue, will ich Ihnen gleich beweisen. Sehen
Sie, dort kommt Ihr Emil mit Sack und Pack,
Sie sollen ihn gleich mitnehmen und acht Tage
bei sich behalten, denn in diesen Tagen giebt es
Etwas. Ich möchte Emil um Ihretwillen nicht
dabei haben; aber schweigen Sie, ich bitte, gegen
Jedermann und besonders gegen Emil selbst! Ich
habe ihn seit der Schlacht bei Idstedt aus jedem
kleinern Gefecht entfernt gehalten, damit ihm vor
der Zeit, wo etwas Großes gewagt sein muß,
nichts Schlimmes begegne. Aber da kommt er;
bitte, verrathen Sie mich nicht!" — Der junge
St. trat ins Haus, salutirte militairisch und mel=
dete: „Auf Befehl des Herrn Lieutenant abge=
löst von der Feldwache Nr. 3."

„Sie können gleich hinzufügen," bemerkte ich,
„auf Befehl des Lieutenants auf achttägigen Ur=
laub geschickt, um für ihn Rebhühner zu schießen,
damit er hier nicht verhungere; und jetzt vergessen
Sie den Lieutenant und begrüßen Sie Ihre Frau
Mutter!" — Mit diesen Worten verließ ich das

Haus, um nicht das Wiedersehen zwischen Mutter und Sohn zu stören, und schlenderte auf der Landstraße auf und ab. Von Weitem sah ich einen Ordonnanzdragoner heransprengen. Er brachte richtig den Befehl, am folgenden Tage die Gewehre in der Compagnie abschießen und laden zu lassen. Mit andern Worten: Es gab Etwas.

Ich war inzwischen wieder an der offenen Hausthür des Wirthshauses vorübergegangen und sah zu meinem Erstaunen, wie der junge St. seinen Tornister umgehängt hatte und ziemlich unfreundlich von seiner weinenden Mutter Abschied nahm. „Ja, was geht denn hier vor, lieber St.?" fragte ich; „bleiben Sie hier? Und fahren Sie nicht mit Ihrer Frau Mutter nach Hause?" — „Herr Lieutenant, ich bitte, zu einer anderen Compagnie versetzt zu werden!" war die Antwort; „Sie schicken mich immer auf Commando oder jetzt gar auf Urlaub, wenn Sie glauben, daß wir ein Gefecht haben werden. Ich kann mich vor meinen Kameraden nicht mehr sehen lassen, wenn das so fort geht!" — „Ihr Wunsch soll erfüllt werden!" antwortete ich; „aber jetzt befehle ich Ihnen, augenblicklich auf den Wagen zu steigen und sich vor Ablauf von acht Tagen nicht sehen zu lassen; gehorchen Sie mir nicht augenblicklich, so stecke ich Sie in Arrest! Verstehen Sie mich?" — Ein wüthender Blick Emil's und ein wonniger, seelenvoller, durch Freudenthränen leuchtender Blick der Mutter waren die stumme Antwort auf den sonderbaren Befehl. In der nächsten Minute flogen die vier Füchse mit dem leichten Wagen, worin Mutter und Sohn sehr verschiedenartig über den Lieutenant nachdenken mochten, davon. Zwei Tage später war das Gefecht bei Missunde. Das dritte Jägercorps nahm Theil an diesem für die Schleswig-Holsteiner so rühmlichen Gefecht. In geschlossenen Colonnen rückten die Truppen singend gegen die feindlichen Batterieen, und erst da, als sie endlich dem Feinde so nahe waren, daß die Bespannung und Bedienung der dänischen Batterieen ihren Spitzkugeln unterlag, ward der Rückzug befohlen. Der Kanonendonner war so lebhaft, daß er fast im ganzen Herzogthum Holstein gehört wurde; was Wunder daher, daß auch dem jungen St., der kaum vier Meilen von Missunde auf dem

Gute seiner Eltern war, das Schießen seiner Kameraden bald wie eine mahnende Stimme ins Ohr rief. Umsonst flehte die Mutter, seinen Urlaub zu benutzen; umsonst verschwendete sie alle rührenden Bitten einer verzweifelnden Mutter. Emil ließ vorspannen. Er hatte dem Kutscher gedroht, ihn zu erschießen, wenn er nicht in fünf Minuten fertig wäre. Der Mutter entsank das Herz. Bei jedem Kanonenschuß fuhr sie zusammen. Sie sah im Geist ihren Sohn von einer Kugel zerschmettert auf dem Schlachtfelde liegen. Während er den Augenblick nicht erwarten konnte, wo er am Kampfe Theil nehmen würde; während er die Mutter mit Vorwürfen über ihre Zärtlichkeit überhäufte, verdoppelte sie diese als die einzige Waffe, mit der sie ihren Sohn bekämpfen konnte und zu besiegen hoffte. Als aber der Wagen in gestrecktem Galopp vorfuhr, als Emil von seinem festergebenen Vater Abschied nahm und dieser ihm zurief: „Nur d'rauf!" da ergriff die Mutter ihren Hut und Mantel und sagte: „Bist Du fertig, Emil? Ich fahre mit! Es ist heute Dein Geburtstag! Vor siebzehn Jahren habe ich Dir das Leben gegeben! Ich will über Dich wachen auch in der Gefahr des Todes!"

Der Abend des 12. September sah die schleswig-holsteinische Avantgarde traurig und niedergeschlagen auf den nassen Wiesen bei Kosel das Bivouac beziehen. Die Leute hatten muthig gefochten, der Sieg war schon in ihren Händen gewesen, am folgenden Tage hätten sie in Flensburg einziehen, Schleswig befreien können — sie mußten, in Folge bekannter anderer Einflüsse, dem geschlagenen Feinde ihre Todten und Verwundeten, ihre Hoffnungen und ihr Vaterland als Siegesbeute übergeben. Im ganzen Bivouac schlug nur Ein glückliches Herz, das der Frau St. Sie hatte mit ihrem Sohne das dritte Jägercorps erreicht, als dies schon aus dem Gefechte zurückgezogen war; sie hatte gesehen, wie die Compagnie, zu welcher ihr Sohn gehörte, den braven Emil mit einem lauten Hurrah begrüßte, als er trotz der Bitten seiner Mutter seinen Platz an der Spitze der Compagnie einnahm. Wohl vergoß sie Thränen, als sie die Namen der Gebliebenen hörte, von denen sie mehre kannte und liebte, aber unter die Thränen des Kummers mischten sich die der Freude über den glücklich erhaltenen Sohn.

Drei Monate später, als ich den Weihnachtsabend auf der Feldwache zubrachte, meldete sich bei mir ein Bauernbursche. Er trug ein kleines Packet, welches die Adresse führte: „Dem gütigen Lieutenant von einer dankbaren Mutter." Das schöne Portefeuille, das ich hervorzog, ist die Veranlassung gewesen, von einem Vater, von einer Mutter und einem Sohne zu erzählen, deren Herzen sich wieder bewähren würden, auch wenn es dann schon zu ihrem Bunde Enkel gäbe, um die sich zwei Mächte stritten: die Liebe und das Vaterland.

## Der dicke Herr.

Wir lagen im Norden des Herzogthums Schleswig, in der Nähe des „rothen Kruges", im Centrum der Reichsarmee. Wir mochten funfzig= bis sechszigtausend Mann stark sein und hätten gewiß etwas Besseres thun können, als Helme putzen und im Arrest sitzen; von einem Feinde vor uns war keine Spur, die Luft bis zum Nordpol hinauf war von dänischen Soldaten che= misch rein — aber rechts um die Ecke im Sunde= witt lagen Dänen. Der General muß das wohl nicht gewußt haben; er sah weder rechts noch links, sondern immer gerade aus, und weil er nichts erblickte als Sand und Haide, so ließ er die Soldaten ihre Gewehre und Helme putzen, damit er etwas Blankes zu sehen bekäme. Es ist ein niedliches Wort, das Wort „Putzen". Es erinnert den unerfahrenen Weltbürger an ein schlankes Mädchen, das heimlich im Garten eine Moosrose bricht, mit der sie ihr Haar schmücken will; und der Weltbürger erhebt sich auf die Zehen und guckt hinüber über den Zaun, und sieht das unschuldige Kind hinter der Jasmin-Laube das Röschen an die Brust drücken — aber wehe! wehe! wenn der eingefleischte Gamaschenhengst über den Zaun guckt, und das schlanke Mädchen ein wettergebräunter Soldat ist, der seine Waffen mit Mützenpulver und Kreide putzt. Da hört die Poesie des Lebens auf, und das Nichts nimmt seinen Anfang! Wer so mit funfzigtausend Männern im Freien campirt, und vom frühen Morgen bis in die späte Nacht hinein nichts Anderes sieht, als geputzte Helme und blanke Gewehre, nichts Anderes hört, als das Wort „Putzen" — der wird zuletzt Philosoph und fängt an, darüber nachzudenken, ob er ein zweibeiniges Geschöpf ist, oder nicht!

Die einzige Unterhaltung, die es in diesem „Stillleben" giebt, bietet das Mittagsessen. Jede

Corporalschaft hat ihren Koch, der in einem großen Kessel gelbe Erbsen und Speck warm macht; Hunderte von Kesseln stehen, in Linie aufmarschirt, zu gleicher Zeit über dem Feuer, so daß der Wind die Asche über die ganze Linie dahin fegen und das Essen ungenießbar machen kann. Trotzdem wird täglich gekocht, die Köche schüren mit einem langen Scheite das Feuer und weinen in dem erstickenden Rauche ihre bitteren Thränen. Punkt zwölf Uhr ist das Essen fertig; die Corporalschaften treten an, machen einen Angriff auf den Corporalschaftskessel, und in wenig Minuten sind die ungeheuren Quantitäten von Erbsen und Speck vertheilt.

Feierliche Stille herrscht im Lager! Funfzigtausend Menschen sitzen auf der rothen Haide und essen Erbsen und Speck. Einer sieht den Andern verwundert an, wie er die heiße Suppe, die harten Erbsen, den fetten Speck im Munde behalten kann; aber der Löffel wandert ununterbrochen von Teller zu Mund, von Mund zu Teller.

Vier Wochen lang hatte ich auf der Haide beim rothen Krug campirt, dreißig volle Nächte und Tage, Tage und Nächte hatte ich das ewige

Einerlei der gelben Erbsen und des Putzlappens, des Specks und des Mützenpulvers von funfzigtausend Menschen verwünschen hören. Ich wurde vom Alp gedrückt, litt an nervösen Zuckungen und fing an, meine Kameraden mit Mißtrauen zu betrachten — denn ich hielt mich für behext oder verrückt. Verzog zufällig ein Kamerad den Mund zu einem Lächeln, so erwachte in mir der finsterste Argwohn: „Worüber lacht der Mensch? Giebt es hier etwas zu lachen? hier? hier in dieser Sand- und Geisteswüste? Er lacht über Dich, Du mußt etwas an Dir haben, Du bist übergeschnappt." Trat dann der Feldwebel mit der rothen Brieftasche zu mir und verlas den Befehl: „Die erste Compagnie tritt morgen früh um acht Uhr mit geputztem Lederzeug an, Bürsten und Wichse im Tornister," dann grunzte in mir ein Medium und ich verzweifelte an der Existenz der Vernunft im Allgemeinen und meiner Vernunft im Speciellen.

Selbst dem General schien nach vier Wochen ein leiser Zweifel zu entstehen über die Möglichkeit eines fortwährenden Campirens auf der Haide beim rothen Krug, und in seiner Ungewißheit beschloß er, Feldwachen auszustellen. Da gab es doch etwas Abwechslung. Jeden Tag marschirten einige Hundert Mann auf Feldwache; diese stellten Posten aus, welche wiederum das Haidekraut bewundern konnten; Patrouillen gingen Tag und Nacht um die Vorpostenkette und meldeten, „daß nichts vorgefallen sei", die Generalität hatte hübsche Spazierritte zu machen, konnte so schön bei den Vedetten stille halten und nach den vier Himmelsgegenden, Parole und Feldgeschrei fragen, und dann den armen Teufel einsperren lassen, weil er Parole und Feldgeschrei vergessen hatte — ja, Feldwachen wurden ausgestellt!

„Wenn ich doch auch auf Feldwache käme," seufzte ich eines Tages ganz laut, während mein Bursche die Schlangen aus meinem Strohlager verscheuchte — „nur einmal auf Feldwache, und dann sterben."

Kaum hatte ich diesen Wunsch ausgesprochen, als der Feldwebel mit der rothen Brieftasche in der Hand Honneurs machte und gehorsamst meldete, daß die erste Compagnie heute Nachmittag um drei Uhr mit Sack und Pack die Feldwache Nr. 4 beziehen würde. Es sei den Leuten streng einzuschärfen, daß sie Niemanden die Posten passiren ließen."

Ich taumelte zurück vor lauter Entzücken und war so aufgeregt, daß ich dreimal hinter einander die Fanalstange für den commandirenden General ansah, und ihm gehorsamst rapportirte, daß die erste Compagnie die Feldwache Nr. 4 zu beziehen im Begriff sei. Die Fanalstange winkte, „es sei schon gut," und hinaus zog ich mit zweihundert herrlichen Jungen aus dem schrecklichen Lager; wir durften nicht singen, nicht lachen, denn auf Feldwache muß der Soldat still und nüchtern sein — aber wir lachten innerlich und marschirten im Eilmarsch bei den Kochkesseln vorbei. Bald standen wir vor unserer Wachstube, einem alten Hünengrabe, welches ganz für sich allein in die Welt hinausschaute und uns neugierig fragte, was wir vorhätten? Der Feldwebel las dem Hünengrabe den Befehl vor, die Haide wackelte verschiedentlich, und die Posten wurden ausgestellt. Ein Mann vor Gewehr wäre genug gewesen, denn er konnte vom Hünengrabe aus halb Dänemark übersehen — aber der Befehl sagte, zehn Doppelposten ausstellen — also zehn Doppelposten wurden ausgestellt, in Linie, versteht sich, gerichtet — und das Feldwachen ging in bester Manier los.

Ich ließ mir von meinem Burschen die Pfeife stopfen, blies den Rauch durch die Nasenlöcher und sah dem Hornisten zu, wie er Maulwürfe fing. Er war recht geschickt in diesem Metier und verrieth offenbare Trapper-Anlagen. Schon hatte er vier Maulwürfe gefangen und ihnen Vorlesungen über das „Augenzukneifen" gehalten, als der Posten vor Gewehr rief: „Herr Lieutenant, da kommt een Wogen."

Die Jäger erhoben sich aus der Haide, hielten die Hand vor die Augen und erblickten in nebelgrauer Ferne dunkle Umrisse, die mit einem Wagen Aehnlichkeit hatten.

Ich setzte mich, wie Xerxes in der Schlacht bei Salamis, auf den höchsten Punkt und überschaute das Schlachtfeld. Da es die athenienfische Flotte nicht sein konnte, die auf uns zusteuerte, so mußte es etwas anderes sein — und bei ganz genauer Beobachtung entdeckten wir wirklich, daß das Phänomen ein Wagen sei.

„Is een Herrschaftswogen," sagte der Hornist, „mit een Kutscher up den Bock."

„Ja," fügte ein anderer hinzu, ein Lohgerber aus Husum, der wöchentlich drei Briefe von seiner Frau bekam, worin sie ihn bat, ihr seine eheliche Treue zu bewahren — „ja, und do sind veer Peer vör den Wogen."

„Fohren een slanken Draff", sagte der Posten vor Gewehr, „ik gloof, se komt up uns to."

Macht Euch aufs Aeußerste gefaßt, dachte ich mit klopfendem Herzen. Das Wohl Deutschlands hängt von Eurer Wachsamkeit ab; hinter Euch liegen funfzigtausend Söhne Hermanns und putzen ihre Helmketten; hinter ihnen liegt Hamburg und in weiter Ferne dahinter liegt Jena und Wien. Ihr seid die Vorposten eines Volkes von funfzig Millionen Menschen; paßt Ihr auf, dann ist Segen für das Vaterland zu erwarten, paßt Ihr nicht auf, dann ist die Welt pfutsch.

„Posten, rapportiren Sie; was sehen Sie?"

„Ik seh den Wogen mit veer brun Peer grod up uns tokomen; de Kutscher sitt up den Bock, de Herr sitt in den Wogen."

„Rufen Sie den Wagen oder den Kutscher an — bleibt sich unter Umständen gleich — rufen

Sie an, aber nicht zu laut, damit der Stand der Feldwache nicht verrathen wird."

„Halt!" rief der Posten.

Der Wagen rollte ruhig näher.

„Halt!" rief der Posten, „Halt! oder ik scheet!"

Der Wagen hielt. Ein dicker viereckiger Herr rief uns zu: „Ich will den General sprechen, ich muß ins Lager."

„Halt! oder ik scheet!" rief der Posten.

„Was wollen Sie? Schießen? Auf mich wollen Sie schießen? Kutscher, fahr' zu!"

Baff! da lag das Stangenpferd.

„Es ist die Möglichkeit!" rief der dicke Herr. „Meinen Braunen! Ist kein Satan von einem Officier hier?"

„Habe die Ehre," erwiederte ich, „habe die Ehre, mich Ihnen vorzustellen, bin der Lieutenant —"

„Und ich bin der Kammerherr von Moorfeldt, verstehen Sie? Moorfeldt ist mein Name, Kammerherr von Moorfeldt."

„Ein schöner Name! Wollen Sie ihn nicht in meine Brieftasche schreiben?"

Schon gut," prustete der dicke Herr, „ich

danke Ihnen! Meinen Braunen, den bezahlen Sie, oder ich gehe bis zum Reichsverweser mit meiner Klage; ich sage Ihnen, Sie bezahlen den Braunen. Na schon gut, gratulire zum Avancement, Herr Lieutenant — wie war doch Ihr interessanter Name?"

"Schall ik em mol up sin diken Buk scheeten?" fragte der Posten vor Gewehr.

"Ja, Junge, versuch es!" rief der dicke Herr. "Auf mich schießen — Kerl, halte den Schießprügel auf die Seite! — Leben Sie wohl, Herr Lieutenant, wir sehen uns wieder!"

Das Stangenpferd wurde ausgespannt, der Wagen wurde von den übrig gebliebenen Pferden im raschen Trabe heimwärts gezogen. —

Ein Jahr war verstrichen, und ich hatte längst den dicken Herrn vergessen, als unser Major uns eines Tages die Mittheilung machte, daß er eine Einladung zum Ball für die "Herren Officiere" habe. Wir würden etwa eine Meile zu fahren haben, fügte der Major hinzu, und er ersuche uns höflichst, um sechs Uhr Abends in seinem Quartier zusammen zu kommen, von wo aus wir dann en masse aufbrechen würden. — Officiere sind immer ballluftig, besonders so lange wie sie jung sind, und für die älteren Herren Kameraden giebt es auf Bällen ein Partiechen, ein Pastetchen und ein Liqueurchen, lauter Dinge, denen der familienväterliche Oberst so wenig zu widerstehen vermag, wie der hämorrhoidale Major. Man zieht eben sein „einzig Röckerl" an, läßt sich vom Burschen die Stiefeln putzen und vom Zahlmeister einen Vorschuß geben — und ist fertig.

Kein Wunder daher, daß wir Abends um sechs Uhr bei unserm Commandeur erschienen und nach wenig Minuten zu Dreien und Vieren vertheilt einstiegen, um unserm liebenswürdigen Wirthe unsere angenehme Gegenwart zu schenken. Es war, glaube ich, Keinem von uns eingefallen, zu fragen, wohin die Reise ginge? Man wird im Kriege Fatalist und läßt sich zum Gefecht und zum Hausball, zum Marsch und zum Frühstück commandiren, ohne zu fragen: Warum? und Wohin? Der Commandeur hat die Ordre in der Tasche; er ist für Alles verantwortlich, für meine Wunden, das Umwerfen des Wagens, mein Quartier und das Unglück, das ich bei jungen Damen anrichte; dafür bin ich sein Officier und er erntet den Ruhm und die Blamage, mit der ich mich bedecke.

Scherzend und plaudernd mochten wir eine Stunde gefahren sein, als die Tête Halt machte und ein Wagen nach dem andern vor ein weit geöffnetes Portal fuhr, wo brennende Kerzen, Walzertöne, Willkommen, Ach endlich! Guten Abend! uns überzeugten, daß wir an Ort und Stelle waren. Mein Wagen war der letzte; als ich ausstieg, war der Wirth mit dem Major vorausgeschritten, um ihn der Frau des Hauses zu präsentiren.

Wir jüngeren Officiere wurden von dem Sohne des Hausherrn in Empfang genommen und zu den Damen geführt, welche uns schärfer musterten, als der Oberst von Zastrow selbst, und offenbar Vergleiche anstellten zwischen uns und ihren Herren Vettern, welche den Landbau studirten und Zeugniß ablegten für die Productionskraft des schleswig-holsteinischen Bodens. Bald waren wir Herren des Feldes und tanzten mit den hübschen jungen Mädchen im Saale umher, unbekümmert um die Leiden der naturwüchsigen Vettern. Da war eine kleine Blondine, die mir besonders wohl gefiel; ein Kind von siebenzehn Jahren mit großen blauen Augen, langen blonden Locken und einem Mund zum küssen. Freude und Lust leuchteten aus den schönen Augen des prächtigen kleinen Mädchens, wenn sie zum Tacte des schleswig-holsteinischen Marsches dahin schwebte, und es schien, als könne sie nicht ermüden, so lange die Melodie ertönte, die noch jetzt jedes deutsche Herz bewegt. Ich hatte bereits mehrmals mit ihr getanzt und war eben im Begriffe, sie zum Cotillon zu engagiren, als ich einem Augenpaar begegnete, vor welchem ich instinctmäßig zurückprallte. Nein, solche Augen! Hinter dem Stuhle des jungen Mädchens stand ein dicker Herr, und dieser dicke Herr blickte mich an mit zwei Augen, die selbst Robespierre würden erschüttert haben. Umsonst suchte ich mich von unangenehmen Reminiscenzen loszumachen, umsonst suchte ich nach den lieben blauen Augen der kleinen hübschen Tänzerin — der böse Blick des Antichrists machte mein Herzblut erstarren.

„Sind Sie nicht — ja Sie sind — Herr, das bietet die Möglichkeit! Nach dem, was zwischen uns vorgefallen, unterstehen Sie sich, mein Haus —"

"Sie entschuldigen," erwiederte ich, "ich glaube allerdings die Ehre zu haben —"

"Ehre? nehmen Sie mir's nicht übel — aber Gott strafe mich, es ist die Möglichkeit!" polterte der dicke Herr fort, und eilte dann in höchster Aufregung zum Saale hinaus.

Ich hatte gerade Zeit gehabt, meinen Säbel umzuschnallen, als der dicke Herr mit dem Major und zwei Hauptleuten zurückkehrte.

"Da, da!" pustete der dicke Herr. "Da steht er. Meinen Braunen todtschießen lassen, und dann meiner Tochter den Hof machen in meinem eigenen Hause — Herr Major, es bietet die Möglichkeit!"

Die jüngeren Officiere ergötzten sich nicht wenig an meiner Situation; der Major war aber nicht der Mann, einen Officier in der Patsche sitzen zu lassen; er forderte daher den dicken Herrn auf, mir die Waffen zu bestimmen und die Wagen vorfahren zu lassen.

"Mich schlagen? Mit dem da schlagen? Wagen vorfahren lassen?" rief der dicke Herr. "Könnte mir gerade einfallen. Mich selber todtschießen lassen — fällt mir gar nicht ein."

„Dann bitten Sie den Officier um Verzei=
hung, ich bestehe darauf, sonst schlagen Sie sich
mit mir. Er hat seinem Befehle gehorcht, und
würde ihm gehorcht haben, wenn statt Ihres
Wagens eine feindliche Schwadron herangekommen
wäre — drum, Herr von Moorfeldt, entweder
Friede oder Krieg, Verzeihung oder Pistolen —
was wählen Sie?"

Der dicke Herr starrte bald mich, bald den
Major an. Sein Zorn verrauchte, er bot mir
die Hand und sagte: „Tanzen Sie mit dem Lott=
chen, besuchen Sie mich, so viel Sie wollen —
nur fordern Sie mich nicht auf Pistolen — ich
bin zu dick."

## Martin Hansen.
### Skizze aus dem schleswig-holsteinischen Kriege.

Der Hauptmann der dritten Compagnie des fünften schleswig-holsteinischen Jägercorps war ein eifriger Paradesoldat, der auf die „adrette Haltung" seiner Leute, auf „propres Aeußere," „gewichste Bärte" und „kurzgeschnittenes Haar" großes Gewicht legte. Wo ihm daher ein Soldat in den Weg trat, der gewachsen war wie ein „Pfund Taback", der „schluddrig", „malpropre" und „maladrett" war, erzürnte sich der brave Hauptmann ganz gewaltig. Von allen Soldaten, die ihm ein Nagel zu seinem Sarge waren, betrübte der Jäger Martin Hansen den Freund blankgeputzter Knöpfe und kurzgeschnittener Haare am häufigsten, am schmerzlichsten. Martin Hansen

war ein unschöner, einfacher, viereckig gebauter
Soldat, der sein Lederzeug nicht mehr und nicht
öfter putzte, als durchaus und unumgänglich noth=
wendig war. Er hielt sich immer auf der Grenze
des Arrestes, hatte seine Waffen nur „so so" in
Ordnung, streckte das Bein halb beim Parade=
marsch, zog den Bauch nur ein wenig ein, wenn
er Honneurs machte, und hatte bei dem Allen
ein so gesundes, rothbäckiges Gesicht, einen so
gutmüthig humoristischen Zug um den Mund,
daß der Hauptmann ihn nicht ansehen konnte,
ohne auszurufen: „Hätten Sie doch nur einen
Strich weniger über die Uniformknöpfe gethan —
wie wollte ich Sie dann! Thun Sie mir doch
den Gefallen, ein einziges Mal so zur Parade
zu kommen, daß ich Sie fassen kann."

Martin Hansen streckte den Bauch vor, zeigte
eine Reihe schneeweißer Zähne, schulterte sein Ge=
wehr und sagte nichts.

Im Dienst war Martin Hansen pünktlich wie
ein Chronometer. Er kam nie zu spät, — aber
auch nie nur eine Minute zu früh; Schlag neun
Uhr war er im Quartier, er fehlte nie beim
Appell, bat nie um Urlaub, war nie betrunken,

aber man sah ihm an, daß er in allen dienstlichen Verrichtungen nur dem „Muß" nachgab, und daß er Appell und Corporalschaftsdienst, Parademarsch und Postenstehen für Dinge hielt, die zur menschlichen Gemüthlichkeit nicht unbedingt erforderlich sind.

Kam man aber auf den Krieg mit ihm zu sprechen, dann streckte und dehnte sich die viereckige Gestalt, die rothen Backen wurden noch röther, die Augen glühten. „Fechten will ich mit Freuden," pflegte er zu sagen, „Hunger und Durst, Wunden und Schmerzen ertragen und meinen Mann stellen wie Einer — aber putzen, exercieren — lieber nicht!"

Es war im Mai des Jahres 1850. Ich stand auf dem Marktplatz der Stadt Preetz und unterhielt mich mit dem Hauptmann über seine Jäger. „Sind ehrliche Jungen", sagte er, „machen mir Freude, halten sich sauber, sind gut einexerciert — nur der Dritte im Gliede, der große, dicke Blonde, der Kerl, der wie ein Pfund Taback aussieht, ärgert mich zu Tode. Sehen Sie den Mann an! Er sieht unwillig, ungewaschen, ungekämmt, ungeputzt aus — es ist ihm aber nicht beizukommen — er ist gewaschen, gekämmt und geputzt. Können Sie den Mann nicht bei Ihrer Compagnie gebrauchen?"

„Ist er sonst ein ordentlicher Mann?" fragte ich.

„Ich habe ihn nie bestrafen können," entgegnete der Hauptmann, „er ist so ziemlich der Einzige bei der ganzen Compagnie, der noch nicht Arrest gehabt hat."

„Das will viel sagen. Wenn der Jäger sich einen Tausch gefallen lassen will, bin ich bereit, ihn zu meiner Compagnie zu nehmen."

„Jäger Martin Hansen!" rief der Hauptmann, entzückt über die Aussicht, seinen Nagel zum Sarge los zu werden. „Jäger Martin Hansen!"

„Hier!" antwortete der Gerufene. Er marschirte offenbar absichtlich mit großer Nonchalance zehn Schritte vorwärts und schulterte das Gewehr.

„Wollen Sie sich von der Compagnie versetzen lassen?" fragte der Hauptmann.

„Nein, Herr Hauptmann!"

„Ich will Sie aber gern los sein."

„Zu Befehl, Herr Hauptmann: ich bleibe bei meinen Kameraden."

„Eintreten!" commandirte der gereizte Compagniechef.

Jäger Hansen machte Kehrt, und was war das? Klingelte da nicht etwas? „Halt! Sagen Sie mir einmal gütigst, klingelt bei Ihnen etwas?"

„Ja wohl, Herr Hauptmann!"

„Und was klingelt bei Ihnen, wenn ich fragen darf?"

„Nägel, Herr Hauptmann!"

„Nägel? Ih sieh mal an! Nägel? Wo haben Sie die Nägel, mein Geschätzter?"

„In der Hosentasche, Herr Hauptmann!"

„In der Ho? Hosen? Hosentasche? In der Com — Pom — Compagnie-Hosentasche? Nägel? Nägel in der Compagnie-Hosentasche?"

„Zu Befehl, Herr Hauptmann!"

„Wollen Sir mir nicht gütigst erklären, wozu Sie die Nägel brauchen?"

„Zum Vernageln der Geschütze, Herr Hauptmann!"

„Mich trifft der Schlag! Sie wollen Geschütze vernageln? Sie? Sie? Sie wollen Nägel in der Tasche tragen und klingeln wie ein Klingelbeutel, wie ein — ein — na, endlich! Feldwebel Fischer!

Schicken Sie den Jäger Martin Hansen auf drei Tage in strengen Arrest."

Martin Hansen steckte den Bauch vor, glotzte den Hauptmann mit dem Ausdruck tiefsten Mitleids an, machte Kehrt und spazierte in Arrest.

„Es ist mir ordentlich leicht, daß ich den Satan einmal gefangen habe; vierzehn Monate mache ich Jagd auf ihn, und endlich wird mein Wunsch erfüllt," sagte der Hauptmann.

Der Hauptmann war sonst ein vortrefflicher Mensch, ein tapferer Soldat, ein Vater seiner Compagnie; anstatt mich daher über seine Schwächen zu ärgern, belächelte ich sie als eine Folge seiner verfehlten Erziehung, als eine preußische Beigabe zu seinem deutschen Charakter.

Der Waffenstillstand war gekündigt, viele preußische Officiere, die zwei Jahre lang die Schleswig-Holsteiner geführt hatten, wurden zurückberufen, die Schweden und Norweger verließen das deutsche Herzogthum Schleswig, unsre kleine Armee rückte über die Eider, um das bedrängte Bruderland mit dem Schwerte zu schützen, den ewig unzertrennlichen Bund der Zwillingsschwestern Schleswig-Holstein mit Blut zu besiegeln. Der

Empfang der Truppen in Schleswig war ein herzzerreißender. Laut weinend warfen sich Frauen und Kinder an die Brust der Soldaten; mit bebender Lippe versprachen die Krieger, wie Männer zu streiten. Der Kampf sollte ein ungleicher werden, das wußten wir. Der Feind war uns um zehntausend Mann überlegen, er hatte volksthümliche eingeborne Officiere, er hatte den Vortheil des Angriffs. Unsre kleine Armee wurde über eine weite Strecke vertheilt; Officiere, die wir kaum dem Namen nach kannten, sollten uns in der Stunde der Entscheidung befehligen.

Das fünfte Jägercorps lag südlich des Langsees und des Dorfes Oberstelk; eine schmale Laufbrücke war über den See geschlagen, und früh am 25. Juni 1850 zog das muthige Corps, gefolgt von andern Bataillonen der Brigade Horst, über die Brücke dem Feinde entgegen.

Lautlos, die Büchse in der Hand, betrat das fünfte Jägercorps früh um fünf Uhr das Dorf Oberstelk. Ein feiner dichter Nebel verdunkelte die Atmosphäre, man konnte nur in nächster Entfernung die Gegenstände erkennen. Die Bewohner des Dorfes lagen in tiefem Schlummer, lautlose

Stille herrschte ringsum, nur dann und wann ertönte der dumpfe Donner der Geschütze von Idstedt herüber. Ueber die Stellung des Feindes war nichts bekannt; ob er fern oder nah, stark oder schwach sei — Niemand konnte hierüber Aufschluß geben.

Plötzlich zeigt sich den Jägern eine dunkle Masse, die in langsamen Schritten sich nähert. Es ist das dreizehnte dänische Bataillon. Eine Salve — ein lautes Hurrah der Jäger zersprengt das Bataillon, der Commandeur mit vielen Officieren und Gemeinen liegt todt auf der Erde, die Verwundeten flehen um Hülfe — der Rest flieht in wildester Auflösung. Schon will das muthige Jägercorps dem Feinde nachsetzen, als eine Schwadron dänischer Reiter in gestreckter Carriere heransaust. Die Gefahr ist furchtbar, denn unter dem Schutze des Nebels haben die Reiter den Angriff gemacht, sie erheben den Arm zum tödtlichen Streiche, noch ehe die Jäger sie erblickt haben — da ertönt das Commando: „Schlagt an! Feuer!" — im Blute wälzt sich die Schwadron, kein Einziger kehrt zurück, um von deutscher Entschlossenheit, deutschem Muthe zu berichten.

Ueber Leichen und Verwundete stürmt das Jägercorps vorwärts, da öffnet eine dänische Batterie ihre Feuerschlünde, Kartätschen reißen die Vordersten nieder, Vollkugeln strecken ganze Reihen zu Boden — aber im nächsten Augenblick röchelt die Brust der dänischen Kanoniere, durchbohrt vom Bajonnet der muthigen Jäger. Frohlockend über den Sieg blicken sich die Helden an, da rasselt aufs Neue eine Abtheilung dänischer Reiter herbei. Mit heldenmüthiger Todesverachtung stürzen sie sich auf die Deutschen, um die verlorenen Geschütze wieder zu erobern — aber eine Saat von Kugeln streckt auch sie bis auf den Letzten zur Erde.

Verstummt ist für den Augenblick das Getöse der Schlacht, leise wimmern die Verwundeten, stöhnend ächzen die Sterbenden, Adjutanten sprengen nach allen Seiten, die Hörner rufen die zersprengten Krieger, und glühend vor Wonne und Stolz drückt der Hauptmann einen Kuß auf das pulvergeschwärzte Antlitz des Jägers Martin Hansen. Er hat vollendet, was er gelobt, er hat die Geschütze vernagelt; doch mit dem letzten Streiche des Hammers sinkt sein Arm, Todten=

bläſſe überzieht ſein Geſicht, eine Thräne rollt über die fahle Wange, er haucht den letzten Seufzer aus in den Armen ſeines Hauptmanns.

Der Feind war geſchlagen — wir zogen uns zurück und überließen dem zum Tode erſchöpften Feinde das Herzogthum Schleswig. Ermattet, gebrochenen Herzens traten die Soldaten den Rückzug an, nicht ohne ſich, freilich vergebens — nach dem nachſetzenden Feinde umzuſehen. An den Ufern der Schlei wurde Halt gemacht; im bunten Durcheinander lagerten ſich die Truppen, lautlos, ſtill. Ich fühlte mich an der Schulter berührt, und als ich mich umwandte, erblickte ich den Hauptmann, der mir winkte, ihm zu folgen.

„Sie ſollen mir helfen, meinen Bruder begraben," ſagte er mit einer durch Thränen erſtickten Stimme, — „folgen Sie mir."

Auf der Kuppe einer kleinen Anhöhe machte er Halt; vier Jäger hatten hier mit Spaten und Schaufeln ein Grab gegraben, und in dem Grabe lag Martin Hanſen. Ein Kranz von Eichenlaub ſchmückte ſein Heldenhaupt, eine zerfetzte ſchleswig-holſteiniſche Fahne diente ihm als Leichentuch.

Wir ſchaufelten die Erde ins Grab und reichten

uns stumm die Hände. Als wir uns wegwandten, erfaßte der Hauptmann meinen Arm und sagte: „Von drei Kugeln getroffen, hat er fünf Geschütze vernagelt! Martin Hansen war ein braver Soldat."

## Jütländisches.

An Jütland kann ich nicht denken, ohne mich zu kratzen; die Landeskrankheit wirkt selbst in weiter Ferne nach. Es ist wirklich sonderbar, wie so jede Nation ihre eigenen Vorzüge und Schwächen hat. Der Franzose ist ein guter Soldat, der Russe liebt den Schnaps, der Deutsche das Bier und den Bundestag, und der Jüte hat die Krätze. Man sagte mir in Jütland, daß diese Krankheit auf die Schafe übergegangen sei; ist das nicht ein Spiel der Natur? In Indien fahren die Seelen der gestorbenen Menschen ins Hornvieh; in Jütland fährt die Krätze lebendiger Menschen ins Wollvieh. So ständen denn Mensch und Vieh in Jütland so ziemlich auf derselben Culturstufe. Wäre ich länger in Jütland geblieben, so hätte ich über dieses wichtige Thema tiefere Studien angestellt; der Malmöer Waffenstillstand verhinderte mich aber, in das innere Wesen der dänischen Krankheit näher einzubringen, und ich zog als guter Preuße aus dem Lande, das ich als guter Deutscher betreten hatte.

Wie man Arabien in das steinige, sandige und glückliche Arabien eintheilt, so wird Jütland in das fischige, flöhige und krätzige Jütland eingetheilt; nicht als ob Fische, Flöhe und Krätze nur in bestimmten Theilen zu finden wären — im Gegentheil, man findet überall in Jütland Fische, Flöhe und Krätze — sondern weil Naturforscher bewiesen haben, daß im fischigen Jütland die Fische, im flöhigen die Flöhe und im krätzigen die Krätze besonders wohl gedeihen. Flöhe heißen übrigens in Jütland Lopper.

Mein Bataillon lag im fischigen Jütland; wir hatten also Gelegenheit, Fische zu essen. Am stärksten war der Dorsch vertreten, der theils frisch, theils getrocknet, theils gesalzen, theils gekocht, theils gebraten, theils gebacken verzehrt wird, daher eine bedeutende Stellung im dänischen

Kochbuch einnimmt. Nach dem Dorsch behauptet der Flunder den höchsten Rang; es ist ein flacher, wunderlicher Fisch, den man vielleicht essen könnte, wenn er nicht so viele Gräten hätte. Auf den Flunder folgt der Häring, auf diesen der Seehund und der Delphin. Die Lachse sind aus Jütland ausgewandert und haben sich am Rhein niedergelassen; daß sie dort dänische Sympathieen erweckt haben, wie die „Berlingske Tidende" behauptet, ist unbegründet.

Da man im fischigen Jütland nur bei Fischern wohnen oder richtiger einquartiert sein kann, so war auch ich bei einem Fischer einquartiert; und da alle dänischen Fischer Lars Larsen heißen, so hieß mein Fischer auch Lars Larsen.

Lars Larsen war ein ganzer Kerl. Er sah aus wie ein angezogener Seehund und roch wie ein frischer Dorsch; ob er sich schuppte, ob er geheime Floßfedern hatte, weiß ich nicht, daß er sich nie wusch, weiß ich. Frau Larsen, oder in der schönen dänischen Sprache, die so stark nach dem Italienischen schmeckt, „Larskone" sah ihrem Mann zum Verwechseln ähnlich; nur in den Kleidern war eine Art von Unterschied, auch sah ich wiederholt, daß Ole Larsen, der fünfjährige Sprosse der Larsen'schen Eheleute, an Larskone sich näherte, habe aber nie gesehen, daß er dieses bei Lars Larsen that. Auf diese Beobachtung begründete ich die Annahme, daß Larskone und Lars Larsen nicht eine und dieselbe Person sein konnten. Lars Larsen hatte sich einen romantischen Ort zum Wohnplatz ausgesucht. Sein Häuschen stand am Fuße eines Hünengrabes, dicht bei einer kleinen Meeresbucht, in welcher die Wellen ihr kosendes Spiel trieben und den Fuß einer alten Birke bespülten. In der Birke zwitscherte ein Rothkehlchen sein melancholisches Lied, das von einem verwitterten Hänfling beantwortet wurde, der in einem Haidebusche logirte. Neben dem Hause war ein kleines Gärtchen eingefriedigt, in welchem ein Dutzend junger Gänse Brennnesseln fraßen; die Eltern dieser jungen Brut waren als Opfer des Bürgerkriegs von schleswig-holsteinischen Soldaten verzehrt worden, und Ole Larsen vertrat nun Stiefvaterstelle bei den jungen Leuten. Sie kannten ihn recht gut und liefen in die dichtesten Brennnesseln, wenn ihr Stiefvater sie zu Zwecken brauchen wollte, zu denen sonst alte Zeitungen verwendet werden.

Wie es im Hause von Lars Larsen und Larskone aussah, weiß ich nicht. Ich habe nur einmal durch die offene Thür auf den Vorplatz geblickt, und durch den blaugelben Torfrauch kam mir eine Luft entgegen, eine Mischung von alten, abgestandenen Dünsten — mein Bursche sagte: „Durch den Wachtmeister kann man nicht mit dem Säbel durchhauen!"

Eines Tages schien es mir, als ob die Familie Larsen auswandern wolle. Die Larskone brachte nämlich einen „Jüdepot" — einen aus schwarzer Erde gebrannten Topf — ins Freie, goß Milch und Buchweizengrütze hinein, juckte sich während dessen fleißig bald links, bald rechts, und schürte unter besagtem Jüdepot ein Torffeuer an, dessen Qualm in wenig Augenblicken das Rothkehlchen und den verwittweten Hänfling vertrieb. Ich habe die Beiden nicht wieder gesehen!

Ehe das Feuer recht brannte und die Milch mit der Buchweizengrütze warm war, nahte sich Ole Larsen; er blickte grinsend in den Pot, steckte die Finger hinein, leckte sie ab, steckte sie wieder hinein und trocknete sich zur Abwechselung die Nase, die durch den Torfrauch flüssig wurde. Lars Larsen sah diesem Spiel kindlicher Gemüthlichkeit zu, während er einem Dorsch das Fell über die Ohren zog, holte dann aus der Hosentasche einen Hornlöffel hervor, leckte ihn rein ab, probirte damit die Brühe und bot mir sodann den Löffel an. Er nannte die Schlammastik in dem Jüdepot „Velling" — ich aber betete ein Vaterunser und blickte hinaus in die blaue Ostsee, auf deren schaukelnden Wellen ein dänisches Kanonenboot hin und her lavirte. Der Velling hatte mich ganz sentimental gemacht; Bilder vergangener Zeiten zogen an meiner Seele vorüber, mir träumte vom Rhein und von den Alpen, von alten lieben Freunden und Freundinnen, ich fühlte mich Mensch, trillerte längst verklungene Jodellieder und dachte an meinen Subrector, der uns das Evangelium Matthäi erklärte, während wir mit Fliederbeeren nach ihm schossen — da urplötzlich saust mir etwas über den Kopf daher und fällt mit furchtbarem Knall in Lars Larsen's Garten.

"So du mir, so ich Dir," brummte der Artillerieofficier, der hinter dem Gartenzaun mit mehreren Kameraden "Sechsundsechzig" gespielt hatte. "Wenn das Boot zweihundert Schritte näher ist, Feldwebel, dann rufen Sie mich, dann wollen wir dem Hannemann einmal "guten Morgen" sagen. Uebrigens muß ich Ihnen, Lieutenant Fischer, bemerken, daß Sie ein schauderhaftes Glück haben; Sie melden ja die Vierzig ohne Aufhören."

Bumm! krachte es auf dem Kanonenboot, und ziwiwiwiwih! flog Bombe Nummer zwei über Lars Larsens Bellingpot.

"Schon wieder die Vierzigmeldung," rief ärgerlich der Hauptmann, ein alter Schleswig-Holsteiner, der von der Pike auf gedient hatte und wegen seines knurrig-humoristischen Wesens allgemein beliebt war. "Schon wieder die Vierzig, das ist, Gott verdamm' mich, ganz gegen die Subordination. Nach dem preußischen Reglement, welches Gott sei Dank bei uns eingeführt ist, ist der Soldat immer im Dienst, verstehen Sie, immer, also auch beim Sechsundsechzig-Spiel."

Bumm! ging es wieder auf dem Kanonen=

boot, und ziwiwiwiwih! flog Bombe Nummer drei über Lars Larsens Vellingpot.

„Melde gehorsamst, daß das Beest zweihundert Schritte näher ist," sprach der Feldwebel, — „es könnte jetzt angehen!"

„Einen Augenblick noch," erwiederte der Hauptmann — „ich decke! Trumpf As, macht vierundfunfzig, na, geben Sie nichts zu? Trumpf König ist achtundfunfzig — nein, hören Sie, Fischer, wenn ich mit Ihnen wieder spiele, so soll mich der Schinder holen, immer die besetzte Zehn haben, wenn ich decke — da, da haben Sie schon zwölf Schillinge, aber ich will verdammt sein, wenn ich wieder —"

Bumm! knallte es auf dem Kanonenboot, und Bombe Nummer vier sauste über Lars Larsens Vellingpot.

Die Kanoniere hatten bis dahin versteckt gelegen, die Kanonen waren maskirt, und der Commandant des dänischen Kanonenboots mochte nicht ahnen, daß wir zu seinem Empfange bereit waren.

„An die Geschütze!" brüllte der Hauptmann jetzt. „Jungens, langt dem dänischen Düwel mal een op de Snut. Laat ju Tid, Jungens, langsam und mit Gefühl. Richtet die Kanonen, söß Hundert Ehlen Distance, so, nu!"

O weh, Du armer Hannemann, was ist mit Deinen schönen Segeln vorgegangen? wo sind Deine Masten? warum drehst Du Dich im Kreise und kannst nicht steuern? Warum rudern Deine Theerjacken und kommen nicht vom Fleck?

Hat die Loreley Dir's angethan, oder sind's die bösen Insurgenten? O armer, armer Hannemann, nimm Dich in Acht vor den bösen Insurgenten! Langsam ruderst Du hinaus ins blaue Meer, das Du eben noch so leck durchsegelt, und Manchem von Deinen tapfern Theerjacken wurde der letzte Velling gekocht!

„Sollen wir noch einmal?" fragte der Feldwebel.

„Schade um's Pulver!" entgegnete der Hauptmann; „machen Sie die Geschütze wieder in Ordnung, und nun meinetwegen, noch einmal will ich's versuchen, aber wenn Sie dann wieder die Vierzig melden, so will ich verdammt sein, wenn ich wieder mit Ihnen spiele — aber wo Teufel ist das Kanonenboot?"

Aller Augen richteten sich nach dem Punkte,

wo der „Danneboom" noch vor wenig Augenblicken im Winde geflattert — aber statt des edlen Dannebooms sahen wir nichts als schäumende Wellen der Ostsee!

Lars Larsen hatte den Appetit verloren und kratzte sich fleißiger als sonst. Er blickte mich an mit einem Blick, der deutlich sagte, daß er mich zu sprechen wünsche, ich nickte mit dem Kopfe, und Lars Larsen sagte: „Ich habe einen Hauskobold, der mir all' das Unglück gebracht hat. Ich wohnte früher mit Larskone in dem Hause dort unten am Strande, zog aber wegen des Kobolds aus. Er naschte an unserm Velling, stahl unsre Eier, verhexte meine Netze und that allen Schabernack. Da zogen wir denn aus, Larskone und ich. Wir packten alle unsre Sachen auf einen Jüdepotwagen und flüchteten. Als wir uns nochmals nach dem Hause umsahen, wo wir so manches Jahr gewohnt hatten, denn ich bin in jenem Hause geboren, und als wir uns freuten, den Kobold los zu sein, da rasselt es plötzlich unter den Theekummen. Ich sehe hin, und da sitzt der Kobold auf dem Henkel des Theetopfs, nickt mir freundlich zu und sagt: „Lars

Larsen, wir flütten!" Nun wollte ich Sie, als einen klugen Mann, bitten, mir gegen den Kobold ein Mittel zu verrathen, irgend einen Geisterspruch oder ein kräftiges Wasser."

„Könnt Ihr ihn nicht mit Velling vertreiben?" fragte ich den bekümmerten Lars Larsen.

„Jeg troer ikke (ich glaube nicht)," sagte Lars Larsen, traurig den Kopf schüttelnd.

„Nun, dann weiß ich kein anderes Mittel, als an den König von P. zu schreiben, der ein großer Heiliger ist und gewiß einen Spruch kennt, womit man Kobolde bannt."

Lars Larsen dankte mir mit Thränen in den Dorschaugen für mein Versprechen — ein deutlicher Beweis, wie mächtig damals das Ansehn des Königs von P. in Jütland war.

Unsre Burschen brachten uns den Kaffee, wir setzten uns in die braune Haide und schwatzten über dieses und jenes. Der Hauptmann hatte endlich auch die Vierzigmeldung bekommen, er war guter Laune und erzählte uns Geschichten, die wir subordinationsmäßig belachten.

„Ja, Kinders," sagte er, „das ist nu man Allens ganz gut, der Dän ist ein Sackermenter, aber er hat Krätz, und wenn Einer die Krätz hat, dann juckt es ihn, und wen es juckt, der kratzt sich — Gott verdamm' mich, das ist merkwürdig, da fällt mir ein — Feldwebel, schreiben's Sie mal an, der Jürgens bekommt zwei Tage Arrest von wegen den blauen Frack mit den gelben Knöpen."

„Ich kann Allens aushalten, so gut wie Einer, aber so ein veilchenblauer Frack mit gelben Knöpen — das geht über meine Natur. Die Schuster in Schleswig haben immer so verdammte blaue Fracks, und dann ist der Kragen immer ganz fettig von den langen Haaren, und die Knöpfe sind mein Lebstage nicht geputzt, und dann auf den Ellbogen da verschießt die Couleur, und dann sieht so ein neuer Frack auf'm Ellbogen so niederträchtig aus, und dann so 'ne Schusterpfeife mit 'ner Perlenschnur an der abgebissenen Spitze — ne, Allens wat recht ist, aber der Jürgens sitzt seine zwei Tage so gewiß wie —"

„Der Jürgens ist sonst ein braver Mann," redete der Feldwebel ein, „immer hübsch sauber und ordentlich und spart Geld für seine Familie, wenn der Herr Hauptmann erlauben wollen."

„Aber er hat den Frack im Tornister gehabt, einen blauen Frack mit gelben Knöpen, und ich habe Euch gesagt, Alles kann ich verzeihen, man keinen blauen Frack. Der Jürgens soll man herkommen."

Jürgens kam.

„Wo bist Du to Hus, Jürgens?"

„Ut Sleswig, Herr Hauptmann!"

„Wat is Din Vatter, Jürgens?"

„Een Schooster, Herr Hauptmann!"

„Wat bist Du, Jürgens?"

„Arrestant, Herr Hauptmann!"

„Warum?"

„Blauer Frack, Herr Hauptmann!"

„Na, gaa man los für dit Mal, Jürgens, Du bist een juden Kirl, aber laat mi den Frack nich wedder sehen, Jürgens!"

„To Befehl, Herr Hauptmann!"

Jürgens ging schmunzelnd zu seinen Kameraden, erzählte ihnen lachend, daß der Alte wie gewöhnlich die Strafe erlassen habe, und gleich darauf sangen die Kanoniere:

„Der Hauptmann er lebe,
„Er geht uns kühn voran,
„Wir folgen ihm Alle —"

„Das jeht mich über's Bohnenlied," sprach Lieutenant Fischer, ein jeborener Berliner, „jar über's Bohnenlied. Da is ja jar keene Subordination in'. Ne, ne, so eene Wirthschaft jeht uf Ehre nich! Wo soll denn der Respect vor'n Vorjesetzten herkommen, wenn der Vorjesetzte mit die Unterjebenen spricht, als wenn's man so sein müßte."

„Lassen Sie das man gut sein," erwiederte der Hauptmann, „wenn ich meinen Jungens sage, thut das und thut das — so thun die Jungens es, und wenn ein Kanonenboot herankommt, wie vorhin, dann hört der Spaß auf, und die Jungens pfeffern drauf los, daß es man so 'ne Art ist. Und wenn Ihnen, Herr Lieutenant Fischer aus Berlin, das nicht gefällt, so thun Sie mir den einzigen Gefallen, mir 'mal zu schreiben! Verstehen Sie mich? Parabesoldat bin ich keiner, aber meinen Dienst verseh ich, und schießen thun die Jungens, und sie treffen auch, und wenn Sie mir was wollen, so bin ich da."

Wir vereinigten uns, den ergrimmten Hauptmann zu besänftigen, was uns erst nach vieler Mühe gelang. Er hatte gesagt „schreiben Sie mir", und das war ein Beweis, daß er sehr, sehr böse war. Er hatte drei Grade von Zorn, im ersten, mildesten Grade sagte er: „Der Kirl kann mir gestohlen werden," im zweiten Grade rief er: „Den Kirl soll das Donnerwetter kreuz= weis," aber im dritten und letzten Grade sagte er: „Der Kirl soll mir schreiben."

Der Hauptmann betrachtete den Feldwebel wie seine Frau und die Soldaten wie seine Kinder; er schimpfte und wüthete bisweilen wie ein Toll= häusler, dictirte Arrest bis in alle Ewigkeit hinein, aber wenn der Zorn verraucht war, dann klopfte er seiner Frau und seinen Kindern auf die Schulter und sagte lächelnd: „Laat man gut sin för bit Mal, bist doch en guden Kirl — kannst uk mal up Urlaub gaaen." Mit den preußischen Officieren stand der Hauptmann im Allgemeinen schlecht. Sie hatten eine andere Art, ihre Untergebenen zu behandeln, als er, und wenn sie ihm zu grö= ßerer Strenge, besserer Zucht u. s. w. riethen, dann verfiel er in den dritten Grad von Zorn und antwortete: „Schreiben Sie mir 'mal."

Es war uns endlich gelungen, den Haupt= mann zu besänftigen, wir lagen wieder in der braunen Haide und schwatzten, da entfiel mir die Bemerkung, daß es doch sonderbar sei, daß Lars Larsen heute zum ersten Male im Freien gekocht habe, und daß das Kanonenboot sich, wie auf verabredetes Signal, genähert habe.

Der Hauptmann blickte mich mit großen Augen an; der Athem stockte in seiner Brust, seine Fäuste ballten sich krampfhaft, und plötzlich sprang er mit dem Worte: „Spion!" in die Höhe und stürzte wie ein Tiger auf den unglücklichen Lars Larsen, der mit seinem Netze beschäftigt war, das ihm der Hauskobold ganz verwickelt hatte.

„Du infernalischer Lump!" rief der Hauptmann, indem er Lars Larsen beim Kragen packte und ihn auf den Vellingpot hinschleuderte — Du Venotter, Du, Du — na ganz einerlei — Jürgens, komm' mal her, min Jung, gaev den Kirl mal fifundtwintig ut'n Ff, aber ornlich, und denn dree Dag nix als Soltenhäring — keen Water, keen Droppen, un wer een Wort to sin Gunsten seggt, de sall mi mal schriven!"

Es thut mir weh, berichten zu müssen, daß Lars Larsen Fünfundzwanzig bekam; es thut mir weh, zu berichten, daß besagte Fünfundzwanzig

aus dem Jf waren; es thut mir aber noch weher,
zu berichten, daß Lars Larsen durch drei Tage
nichts als gesalzenen Häring zu essen bekam,
Morgens gesalzenen Häring, Mittags gesalzenen
Häring, Abends gesalzenen Häring. Der ehrliche
Hauptmann würde Jeden ermordet haben, der ein
Wort zu Gunsten des Gefangenen eingelegt hätte.

Als die drei Tage verstrichen waren, wurde
Lars Larsen in Freiheit gesetzt. Er sah etwas
blässer aus als vor seiner Häringsdiät, trank
mehre Eimer Wasser und kroch zu Larskone in
den Torfrauch, wo er hoffentlich noch immer über
die Freuden eines guten Vellings nachdenkt.

www.ingramcontent.com/pod-product-compliance
Lightning Source LLC
Chambersburg PA
CBHW030122240426
43673CB00041B/1369